D1750033

DAS GOLD DER FUGGER

Gastein und Rauris – Bergbau der Fugger

im Salzburger Land

Fritz Gruber

Hrsg. Fürst Fugger Privatbank

Fürst Fugger Privatbank

Impressum

DAS GOLD DER FUGGER.
Gastein und Rauris – Bergbau
der Fugger im Salzburger Land
Fritz Gruber

Mit einer Einführung
und Textergänzungen
von Martin Kluger

Herausgeber: Fürst Fugger Privatbank KG

context verlag Augsburg
ISBN 978-3-939645-75-7
1. Auflage, September 2014

Umschlaggestaltung: Thomas Leberle

Karten: context verlag Augsburg

Produktion: concret Werbeagentur GmbH

Druck: Senser Druck Augsburg

Alle Rechte vorbehalten.

Bibliografische Information
der Deutschen Nationalbibliothek:

Die Deutsche Nationalbibliothek verzeichnet diese Publikation in der Deutschen Nationalbibliografie, detaillierte bibliografische Daten sind im Internet über http://dnb.dnb.de abrufbar.

ISBN 978-3-939645-75-7
© context verlag Augsburg 2014
www.context-mv.de

Bildnachweis

Archiv des „Salzburg Museums": S. 44

Baumgartner, Thomas: S. 6 (1), S. 11 (1), S. 21 (1)

Bildarchiv Preußischer Kulturbesitz: S. 14 (1)

concret Werbeagentur GmbH/
Staats- und Stadtbibliothek Augsburg: S. 16 (1)

Fugger-Archiv Dillingen a. d. Donau/FA 2.4.1: S. 11 (1)

Gasteiner Museum: S. 27 (1), S. 41

Gruber, Fritz: S. 15 (1), S. 22 (1), S. 24 (2), S. 25 (1),
S. 27 (1), S. 39 (1)

Hofarchiv Brixen/E. Scheiber: S. 16 (1)

Holweg, Gerhard: S. 31

Jontes, Lieselotte: Rücktitel (1), S. 23

Kleiner, Wolfgang B.: Titel, S. 1, Rücktitel (1), S. 4 (2),
S. 12 (1)

Kluger, Hannah: S. 6 (1), S. 14 (1)

Kluger, Martin: Rücktitel (3), S. 3, S. 7, S. 8, S. 11 (1),
S. 12 (1), S. 13, S. 17, S. 18, S. 22 (1), S. 25 (1), S. 26 (1),
S. 28 (1), S. 30, S. 32, S. 36 (1), S. 37, S. 38, S. 40 (2),
S. 42, S. 43 (3), S. 46 (6), S. 47 (5)

Kluger, Martin/Gasteiner Museum: S. 10 (1), S. 14 (1),
S. 21 (1), S. 45

Lehnerl, Manfred/Fuggermuseum Babenhausen:
S. 5 (3), S. 36 (1)

Martina, Renato: S. 29, S. 33, S. 34

Wikipedia: Kolossos, CC-BY-SA-2.5: S. 10 (1),
S. 15 (1), S. 28 (1), Bergminerale/Claas Schembor,
CC BY-SA 3.0: S. 26 (1), Hesse, Hans: S. 39 (1)

Die Urheber aller Abbildungen in diesem Buch wurden sorgfältig recherchiert. Soweit nicht bekannte Nachdruckrechte Dritter an Abbildungen berührt sind und nicht abgegolten werden konnten, bittet der Verlag den Inhaber, sie geltend zu machen.

Inhalt

Die Anfänge der Augsburger Familienfirma im Salzburger Land
Die Fugger um 1489: auf dem Weg zum Montankonzern 4

Die Salzburger Bischöfe suchten nach Bergbauunternehmern
Gasteins frühes Renommee: „Wildbad" und Goldgegend 12

Das Engagement der Firma begann Ende der 1480er-Jahre
Die Anfänge der Augsburger Fugger im Gasteiner Bergbau .. 16

Vom Erz in den Bergstollen zu den Schmelzhütten im Tal
Der harte Arbeitsalltag der Gasteiner Bergknappen 22

Pfennwerthandel, göldisches Silber und Blei aus Fuggerau
Hans Maierhofer – der Gasteiner Fuggerfaktor 26

Warum das Tauerngold bei der Fuggerfirma seinen Glanz verlor
Der Rückzug der Fugger aus Gastein und Rauris 36

Spuren zwischen Fuggerhäusern und Weitmoserschlössl
Gasteiner Goldgewerken: die Nachfolger der Fugger 40

Bergbaugeschichte in Museen und Kirchen im Gasteiner Tal und Rauriser Tal
Zu den Spuren des Goldbergbaus 46

Literaturverzeichnis 48

1473 hatten die Fugger „von der Lilie" ihr Wappen verliehen bekommen. Damals begann der unaufhaltsame Aufstieg dieser Augsburger Familienfirma zum bedeutendsten Handels-, Montan- und Bankkonzern im Europa des 16. Jahrhunderts. Spätestens 1489 war das Augsburger Unternehmen im Gold- und Silberbergbau in Gastein und Rauris vertreten.

Die Anfänge der Augsburger Familienfirma im Salzburger Land

Die Fugger um 1489: auf dem Weg zum Montankonzern

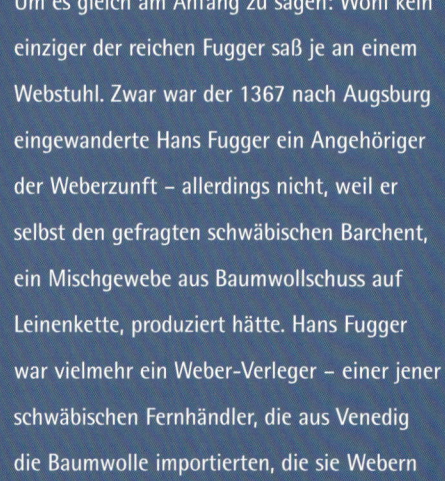

Ab 1490 ließen Ulrich und Jakob Fugger das Augsburger Wohn- und Handelshaus erbauen, in dem sich die legendäre „Goldene Schreibstube" befand. An Jakob Fugger „den Reichen" erinnert heute eine Marmorbüste in der Walhalla, der „Ruhmeshalle der Deutschen", in Donaustauf bei Regensburg.

Um es gleich am Anfang zu sagen: Wohl kein einziger der reichen Fugger saß je an einem Webstuhl. Zwar war der 1367 nach Augsburg eingewanderte Hans Fugger ein Angehöriger der Weberzunft – allerdings nicht, weil er selbst den gefragten schwäbischen Barchent, ein Mischgewebe aus Baumwollschuss auf Leinenkette, produziert hätte. Hans Fugger war vielmehr ein Weber-Verleger – einer jener schwäbischen Fernhändler, die aus Venedig die Baumwolle importierten, die sie Webern in der Barchent-Gewerbelandschaft zwischen Ulm und Nördlingen, Augsburg, Kaufbeuren und Memmingen auf Vorschuss lieferten. Verleger nahmen den Handwerkern ihre Fertigware ab, um sie nach der städtischen Schau mit Gewinn zu exportieren. Mit dem Montangeschäft hatte dies alles jedoch noch nichts zu tun. Am Anfang des Wegs dorthin stand Hans Fuggers geschäftstüchtige Witwe: Elisabeth Gfattermann – die Tochter eines Ratsherrn und Zunftmeisters der Weber – leitete die

Familienfirma nach dem Tod ihres Ehemannes (im Jahr 1408 oder 1409). Sie steigerte nicht nur das Vermögen, sondern gab zudem ihre beiden Söhne Andreas und Jakob bei einem Goldschmied in die Lehre. Jakob Fugger „der Alte" ehelichte 1441 Barbara, die Tochter des Goldschmieds, Münzmeisters und Silberhändlers Franz Bäsinger. Als Goldschmiede wie als Verwandte eines Silberhändlers mussten die Fugger fast zwangsläufig in das Geschäft mit Edelmetallen kommen.

1456 war ein Ludwig Meuting der wohl erste Augsburger, der sich einen Kredit an Erzherzog Sigismund von Tirol durch einen Silberkontrakt absichern ließ. Mit den Meuting aber waren die Fugger verwandt und verschwägert: Um 1384 war Anna Fugger, eine Tochter des 1367 in Augsburg eingewanderten Hans Fugger, mit Konrad Meuting, wohl ebenfalls ein Baumwoll- und Barchenthändler, verheiratet worden. Ein späterer, 1498 verstorbener Konrad Meuting war nicht nur ein Agent der Fugger bei deren Montangeschäften in Tirol, sondern außerdem mit Barbara Fugger, einer Schwester Jakob Fuggers „des Reichen", verheiratet. Und auch der gleichnamige Sohn dieses Konrad Meuting war als Fuggerfaktor in Thüringen und in Tirol an Montanunternehmungen beteiligt.

Die Söhne Jakob Fuggers „des Alten" und Elisabeth Gfattermanns sollten maßgeblich

Zu Zeiten des „Hauptherrn" Ulrich Fugger (1441 – 1510, links) stieg die Augsburger Firma spätestens 1489 in den Gold- und Silberbergbau in Gastein und Rauris ein. Vertrieben wurde das Silber aus den Tauern über Venedig, wo sich Ulrich Fuggers Brüder Georg (1453 – 1506, Mitte) und Jakob (1459 – 1525) belegen lassen. Das Gold wurde zunächst wohl überwiegend im Heiligen Römischen Reich verkauft, ab 1501 wurde es nach Salzburg geliefert.

am unaufhaltsamen Aufstieg der Augsburger Familienfirma beteiligt sein. Die Fugger profitierten davon, dass sich Augsburg durch die

An den in Nürnberg jung verstorbenen Peter Fugger erinnert ein Sandsteinepitaph an der Nordfassade der Sebalduskirche, an den in Rom verschiedenen Markus Fugger Relikte der Markuskapelle in der Kirche Santa Maria dell'Anima.

Barchentweberei zum wichtigen Fernhandels- und Finanzplatz sowie später zum Standort großer Montangesellschaften entwickelte.

Wenn hier von den Fuggern die Rede ist, so ist damit meist der Familienzweig „von der Lilie" gemeint. So wurden die Nachkommen Jakob Fuggers „des Alten" genannt, denen 1473 von Kaiser Friedrich III. ein Wappenbrief für ein Schild mit jeweils einer blauen sowie einer gelben Lilie auf gelbem und blauem Grund verliehen wurde. Dieser Wappenbrief nennt „Ulrich, Marx, Peter, Jörig und Jacob geprudere die Fugger". Ulrich Fugger (1441–1510), der offizielle „Hauptherr", lenkte die Geschäfte in der Augsburger Zentrale. Markus (1448–1478) schlug die geistliche Laufbahn ein: Er wurde Schreiber in der Registratur für Bittgesuche in Rom (wo er verstarb) und ebnete der Familie den Weg zu Geschäften mit der Kurie. An den in Nürnberg verstorbenen Peter (1450–1473) erinnert ein Epitaph an der Nordfassade der Sebalduskirche. Georg (1453–1506) ist in den 1470er-Jahren in Venedig nachweisbar, dann von 1484 bis 1500 in Nürnberg, ehe er nach Augsburg zurückging.

Dass sich der 1459 geborene Jakob Fugger bereits als 14-Jähriger in Venedig aufhielt, hängt damit zusammen, dass schwäbische Kaufmannssöhne das Geschäft mit Metallen und Währungen wohl nirgendwo fundierter kennenlernen konnten als im Fondaco dei Tedeschi, dem Haus der deutschen Kaufleute an der Rialtobrücke über dem Canal Grande. Vermutlich im Jahr 1487 kehrte Jakob Fugger „der Reiche" aus Venedig nach Augsburg zurück, wo er die Geschäfte im Alpenraum sowie an der südlichen Handelsroute nach Innsbruck, Bozen, Venedig und Rom leitete.

Doch wie kamen die Fugger nach Salzburg? Dazu fehlen alle schriftlichen Belege. Erhalten haben sich im Stadtarchiv Augsburg lediglich die Kopien von drei Schreiben des Rats der Reichsstadt Augsburg aus den Jahren 1430 und 1432. Sie wurden an den Erzbischof von Salzburg gesandt. Dabei ging es um die Maut, die wegen eines Wollhandels eines Salzburger Kaufmanns mit Hans Fugger in Augsburg eingetrieben werden sollte. Dieser Hans Fugger war der Sohn von Ulrich Fugger, dem Bruder des älteren, 1367 in Augsburg eingewanderten Weber-Verlegers Hans Fugger. Eine frühere Verbindung zwischen den Augsburger Fuggern und dem Salzburger Land ist nicht nachweisbar. Ein Zusammenhang mit den späteren Montangeschäften in Gastein und Rauris ist aus dieser Schriftquelle nicht zu konstruieren.

Die Montangeschäfte der Fugger in Tirol sind jedenfalls etwas früher zu belegen als die im Salzburger Land. Hans Fugger (1443 – 1501) aus dem Familienzweig „vom Reh" lieh 1485 Erzherzog Sigismund 8000 Rheinische Gulden und wurde dafür auf Silber verwiesen. Und am 5. Dezember 1485 gewährte auch „Ulrich Fugger und seine Gesellschaft" – die ab 1494 „Ulrich Fugger und Gebrüder" hieß – eine Anleihe über den relativ kleinen Betrag von 3000 Gulden. Doch bereits 1487 gaben die Fugger „von der Lilie" dem Tiroler Landesherrn für den Krieg gegen Venedig einen Kredit über 23 600 Gulden, und im Jahr darauf – mit Vertrag vom 9. Juni 1488 – über 150 000 Gulden.

Zur Schuldentilgung überließ die Verwaltung in Innsbruck den Fuggern Silber aus den Bergwerken in Schwaz, wo 1409 reiche Silber- und Kupfervorkommen entdeckt worden waren. Das Bergregal des Landesherrn von Tirol, dem „Kalifornien des 16. Jahrhunderts" (so Max Spindler), lag schon bald de facto in der Hand der Fugger. Wohl in der 1490er-Jahren hatten sie eine Vertretung in Innsbruck eingerichtet, bereits 1510/11 eine Faktorei in Hall, die nur wenige Jahre später wesentlich größere Bedeutung erlangte. Doch schon 1539 wurde die Faktorei von Hall nach Schwaz verlegt. Der wichtigste Umschlagplatz für das Tiroler Silber war Venedig, wo die fuggerische Hauptfaktorei zur Verrechnung der Silberbestände arbeitete.

Silber und wohl auch (noch ungeschiedenes) „göldisches Silber" aus Gastein und Rauris, Schladming und Rottenmann lieferte man ebenfalls in die Lagunenstadt, wo die Fugger schon im Jahr 1484 eine eigene Kammer im Fondaco dei Tedeschi, dem Handelshaus der Deutschen, zugesprochen bekommen hatten. Das nördlich der Alpen reichlich gewonnene Silber war in Venedig begehrt. Gold war dagegen relativ günstig: Italiener importierten es aus Schwarzafrika, weshalb oberdeutsche Firmen in Venedig Gold aufkauften. Denn Gold war im „heilgen Romisschen rych der Duytschen nacioin", wie das römisch-deutsche Reich 1474 erstmals genannt wurde, Mangelware. Gold aus Gastein und Rauris blieb also vermutlich überwiegend nördlich der Alpen.

Weil es an Schriftquellen mangelt, gehen die Meinungen der Historiker über den Beginn der Fugger'schen Bergbauaktivitäten in Gastein und Rauris auseinander. Max Jansen schrieb

FUGGER'SCHE HANDELSMARKEN gab es mehrere, doch die bekannteste ist der Dreizack mit Ring. Dass dieses Symbol als Weberhaspel interpretiert wurde, hat dazu beigetragen, dass die Fugger lange als Weber gesehen wurden. In der griechischen Mythologie gilt der Dreizack jedoch als Attribut des Meeresgottes Poseidon. Was die Handelsmarke letztlich bedeutete, ist unbekannt. Zu erkennen ist sie jedenfalls auf Münzen, welche die römische Faktorei der Fugger ab 1508 für vier Päpste prägte, aber auch im Marmorfußboden der Fuggerkapelle in Augsburg, wo sich Jakob Fugger „der

Reiche" mit seinen Brüdern Ulrich und Georg bestatten ließ. 2008 wurden vor der Küste Namibias Relikte des Wracks des portugiesischen Handelsschiffs „Bom Jesus" gefunden. Dabei wurden auch Kupferbarren mit dem Dreizack der Augsburger Firma geborgen.

ERST UNTER ANTON FUGGER stand die Augsburger Firma im Zenit. Jakob Fuggers Neffe und Nachfolger Anton war der Sohn seines Bruders Georg. In der Ära Anton Fuggers spielten der (1546 aufgegebene) Kupferbergbau in Oberungarn, Kupfer und Silber aus Schwaz, Blei aus Sterzing und Bleiberg sowie Quecksilber und Zinnober aus den Gruben von Almadén im Montan-Netzwerk der Fugger die bedeutendste Rolle.

HANDELSWEGE DER FUGGER wurden nicht zuletzt von ihren weite Teile Europas umspannenden Montangeschäften bestimmt. Dies zeigt auch ein Bild aus dem „Trachtenbuch des Matthäus Schwarz", in dem der Hauptbuchhalter Jakob Fuggers „des Reichen" sich selbst neben dem Firmenlenker in der legendären „Goldenen Schreibstube" im Fuggerhaus am Rindermarkt abbilden ließ. Die Aufschriften auf den Schubladen am Korrespondenzschrank nennen unter anderem das für den Silber- und Kupferbergbau in Tirol wichtige Innsbruck: Diese Stadt war das Verwaltungszentrum Vorderösterreichs. Das in den niederungarischen Bergstädten in Oberungarn von den Fuggern gewonnene Kupfer wurde über die Ost- und Nordsee nach Antorff (Antwerpen) verschifft. Von dort ging das Kupfer auf dem Seeweg nach Lisbona (Lissabon). Für den Indienhandel der Portugiesen konnten allein die Fugger genügend Kupfer liefern. Dieses Metall wurde dringend für den Schiffsbau benötigt. Und Kupfer war – neben Silber – das wichtigste Exportgut im Gewürzhandel.

im 1907 erschienenen Band „Die Anfänge der Fugger (bis 1494)": „Um dieselbe Zeit, da sie sich in Tirol festsetzen, ziehen die Fugger auch in die Salzburgischen Erzbergwerke ein, um in Gastein und Rauris Gold und Silber zu gewinnen. Von da aus dringen sie weiter nach Steiermark vor." In seinem 1967 erschienenen Werk „Die Fugger in Hall i. T." mutmaßte der Historiker Eike Eberhard Unger zum frühesten Auftreten der Fugger in Gastein und Rauris: „Ihre ersten Erfahrungen sammelten sie im Salzburger Land. Hier hatten sie durch Kredite an kleine Gewerken nach und nach eigene Betriebe erworben oder sich wenigstens Unterbeteiligungen gesichert. Auf diese Weise vertrieben sie die Judenburger Firmen, die bisher das dortige Montangeschäft finanziell beherrschten." Unger geht sogar davon aus, dass die Bergbauunternehmungen der Fugger im Salzburger Land mit einer „Generalprobe" zu vergleichen seien, „[...] um sie dann ins Große gesteigert in Ungarn und Tirol zu wiederholen".

„Über den Fuggerhandel vor 1494 ist im Fugger-Archiv überhaupt nichts mehr erhalten [...]", bedauerte jedoch schon Max Jansen. Die Aktivitäten der Fugger in Gastein und Rauris sind immerhin ab 1489 belegt – dies aber nur deshalb, weil die Fugger 1505 einen Prozess gegen ihren früheren (Hof-)Gasteiner Faktor Hans Mairhofer anstrengten, der bis 1497 ihre Geschäfte in Gastein, Rauris, Schladming und Rottenmann geleitet hatte. Ein Heft mit den Prozessakten ist das einzige Dokument, das sich im Fugger-Archiv in Dillingen a. d. Donau zur frühen Zeit der Gasteiner Faktorei finden lässt. Der am Ende verlorene Prozess sowie die schwierigen logistischen und politischen Rahmenbedingungen ließen wohl ein weiteres Engagement in Gastein und Rauris unattraktiv erscheinen. Silber und Kupfer aus Gruben in Schwaz, ab 1495 auch in Oberungarn, sowie ab 1502 der schlesische Goldbergbau in Reichenstein und Freiwaldau machten die Vorkommen bei Gastein und Rauris zur vernachlässigbaren Größe. In Tirol wurden die Fugger ab 1522 von reinen Kapitalgebern selbst zu Montanunternehmern, nachdem sie Bergwerke in Schwaz, Rattenberg und Lienz sowie eine Hütte in Kufstein übernahmen und 1524/25 Gruben bei Sterzing erwarben. Die Fugger dachten längst in anderen Dimensionen: Seit 1525 beutete die Gesellschaft dann auch die Quecksilber- und Zinnobergruben im spanischen Almadén, das größte Vorkommen Europas, aus.

Wann genau sich die Fugger vollständig aus dem Salzburger Land zurückzogen, ist unklar. Der langjährige Leiter des Fugger-Archivs, der Wirtschafts- und Sozialhistoriker Götz Freiherr von Pölnitz, hielt fest: „Trotzdem blieb dieser Zweig des Unternehmens, von dem freilich in den Fuggerschen Büchern nur wenig verlautet, anscheinend gewahrt. Er mag die Ursache da-

für gewesen sein, daß Jakob Fugger die kriegerische Abwehr des Salzburger Erzbischofs Kardinal Matthäus Lang gegen den Knappenaufstand finanziell stützte [...]." Für diese Annahme gibt es jedoch, so der Montanhistoriker Fritz Gruber, im Originalschrifttum keinen Beleg. Gruber geht davon aus, dass sich die Fugger bald nach 1509 aus dem Bergbau im Salzburger Land zurückgezogen haben. Für diese Annahme spricht die Antwort der Fugger auf die Bitte ihres Stadtsalzburger Vertreters Hans Capeller um Erhöhung seines Soldes. 1544 lehnte die Augsburger Zentrale Capellers Gesuch ab, weil über Salzburg „[...] vor Jahren viel Wechsel gen Rom und anders zu verrichten gewesen, deren jetzt keine mehr".

Die Handelswege der Fugger wurden maßgeblich durch ihre Montanunternehmen im Alpen- und Karpatenraum vorgegeben.

Nur einmal noch, um das Jahr 1643, lässt ein Beleg erkennen, dass sich der Schwazer Faktor der Fugger um ein Goldvorkommen am Rand

Beim Goldbergbau im Salzburger Land kooperierten die Fugger vielleicht erstmals mit ihrem späteren Geldgeber Melchior von Meckau. Einlagen des Fürstbischofs von Brixen boten bald darauf eine Kapitalbasis für das Engagement Jakob Fuggers „des Reichen" im oberungarischen Kupferbergbau. Wappen Meckaus und der Bistümer Brixen (links) und Meißen findet man an der Dompropstei im sächsischen Meißen.

der Grieswies in Richtung Goldzechkopf bemühte. Dieses Erzabbaugebiet in der Goldberggruppe lag über dem südlichen Talschluss des Rauriser Tals nahe Kolm-Saigurn.

Fritz Gruber bleibt es aber auch bei anderen Fragen vorbehalten, mehr Licht in das Dunkel zu bringen, das die Montangeschäfte der Fugger im Gasteiner Tal und im Rauriser Tal bis heute umgibt. Viel mehr als die bereits erwähnten unmittelbaren Belege zum Gold- und Silberbergbau der Fugger in den Tauern hat auch Fritz Gruber nicht zur Hand. Auf der Grundlage seiner fundierten Ortskenntnisse sowie der Kenntnis anderer für das Gasteiner Tal und Rauriser Tal relevanter Quellen ist Gruber jedoch in der Lage, plausible Schlussfolgerungen zum Einstieg der Fugger in den Goldbergbau in den Tauern zu ziehen. Er beleuchtet dabei die Rolle eines entscheidenden Mitfinanziers der ungarischen Montanunternehmung der Fugger: Die Firma arbeitete in Gastein und Rauris möglicherweise erstmals mit Melchior von Meckau zusammen und gewann vielleicht dort das Vertrauen des kapitalkräftigen Fürstbischofs von Brixen.

Fritz Gruber erläutert darüber hinaus die wirtschaftlichen und technischen Voraussetzungen für das Montanunternehmen der Fugger in den Tauern. Er führt zu den Spuren der Fugger in der Geschichte des Gasteiner Tals und des Rauriser Tals und analysiert die Gründe für ihren Rückzug aus dem Gold- und Silberbergbau im Salzburger Land. Grubers Werk schließt eine Lücke.

Martin Kluger

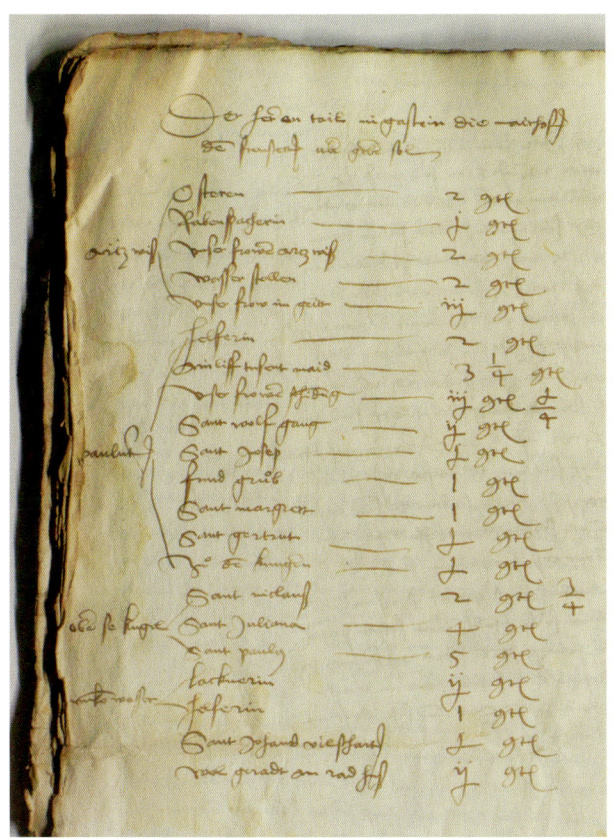 

Die Grubenanteile der Fugger in Gastein sind aus Akten im Fuggerarchiv Dillingen a. d. Donau bekannt. Sie entstanden, als die Firma 1505 einen Prozess gegen den ehemaligen Faktor Hans Maierhofer anstrengte. Rechts oben: Jakob Fugger „der Reiche" ist auf einem der Flügelbilder an der Orgel der Fuggerkapelle in der Augsburger Annakirche dargestellt. Unten: Auf einem Flügel der Fuggerorgel in der Augsburger Ulrichsbasilika findet man das einzige Gemälde, das Jakob Fugger und seinen Neffen und Nachfolger Anton gemeinsam abbildet.

Die Salzburger Bischöfe suchten nach Bergbauunternehmern

Gasteins frühes Renommee: „Wildbad" und Goldgegend

Jakob Fugger „der Reiche" war spätestens seit 1489 Montanunternehmer im Gasteiner Tal und Rauriser Tal. Er war Berg- und Schmelzherr, Erzkäufer und Edelmetallaufkäufer. Oben: Golderzgruben lagen zum Beispiel im Ödenkar am Radhausberg östlich gegenüber dem Bockhartsee – ein Ölgemälde Johann Varonnes von 1865 zeigt diese Szenerie.

Die große Wirtschaftsdepression zu Beginn des 15. Jahrhunderts traf auch das Montanwesen in den Hohen Tauern, besonders die Salzburger Großreviere von Gastein und Rauris. Die erzbischöflichen Landesherren versuchten die Konjunktur zu beleben und hielten nach bauwilligen Bergbauunternehmern Ausschau. Auch selbst wollten sie sich auf gleiche Teile Ausgebens und Gewinnens beteiligen und fanden in der Person des damals bereits berühmten Arztes, Schriftstellers und Bergbauunternehmers Dr. Hans Hartlieb einen Partner. Der Abschluss eines gemeinsamen Schurfvertrages für das gesamte Territorium des Salzburger Erzstiftes im Jahr 1434 ist insofern ein wichtiger Markstein, als er in der Folge das Gasteiner Tal, oder kurz „die Gastein", als mögliches Schurfgebiet auf Gold im Bewusstsein von bedeutenden süddeutschen Persönlichkeiten verankerte. Dr. Hartlieb schrieb 1467 von sich, dass er fünfmal „mit Fürsten" das Gasteiner Bad besucht hätte. Einer dieser ungenannten „Fürsten" könnte Herzog Ludwig „der Gebartete" von Bayern-Ingolstadt gewesen sein, da Dr. Hartlieb um 1454 mit ihm persönlich in Kontakt stand. Zweifellos zählte er zum engeren Vertrautenkreis dieses „Fürsten".

Gleiche Überlegungen könnte man mit gutem Recht zu Herzog Albrecht III. von Bayern-München anstellen. Er und Dr. Hartlieb waren sogar verschwägert: Denn der Bayernherzog hatte in unstandesgemäßer erster Ehe die wegen ihrer Schönheit berühmte Agnes Bernauerin geheiratet, aus welcher tragisch endenden Verbindung beider Tochter Sibylle entsprossen sein soll. Sibylle Neufarer war die Gattin Dr. Hans Hartliebs. Absolvierten die Herzöge Ludwig und Albrecht nur „wahrscheinlich" die Badekur in Gastein, so steht mit letzter Sicherheit fest, dass Dr. Hartlieb den bayerischen Herzog Sigismund um 1467 in Gastein als Leibarzt betreute.

Exakt im Jahr 1467 besaß Dr. Hartlieb gemeinsam mit Albrechts zweiter Gattin – Herzogin Anna von Braunschweig-Grubenhagen-Einbeck – etliche Bergwerksanteile, sodass die Goldgewinnung in diesen Kreisen gewissermaßen als aktuelles Thema in der

Luft gelegen haben muss. So war es beispielsweise Herzog Sigismund von Bayern, der für ein kleines Goldbergwerk im Ammergau um 1464 eine Bergordnung, eine Sammlung von Gesetzen zur Regulierung eines Bergbaus, in Kraft setzte. Es lässt sich dazu spekulativ die Vermutung anstellen, dass Dr. Hartlieb die neue Salzburger Bergordnung von 1463, die also ein Jahr vor der Ammergauer Bergordnung entstanden war, kannte und sein Wissen direkt oder indirekt in die Ammergauer Bergordnung einbrachte.

Dass nun die Fugger, allen voran natürlich Jakob Fugger „der Reiche" (1459 – 1525), von der Frage nach der bergmännischen Goldgewinnung unberührt geblieben wären,

Die Bad Gasteiner Preimskirche ist nach dem Patrozinium des heiligen Primus benannt. Eine Malerei in ihrer Vorhalle stellt neben dem Martyrium dieses Heiligen und dem des zweiten Kirchenpatrons Felician wohl auch den Gasteiner Wasserfall dar.

ist nicht anzunehmen. Gewiss hatte er Kenntnis davon, dass dieser Dr. Hartlieb, der mit dem bayerischen Hochadel in engster Verbindung stand, irgendwo in einem hinteren Winkel des Salzburger Erzstiftes nicht nur bedeutende Persönlichkeiten mit Gasteiner Thermalwasser kurierte, sondern sich in den Hohen Tauern auch um bergmännisch gewonnenes Gold kümmerte.

In Zukunftsplanungen der Fugger könnte früh der Name „Gastein" gefallen sein, wenn auch zunächst wohl nur beiläufig. Vielleicht hatte ein Familienmitglied mit dem Fernhandelskaufmann Burkhard Zink zu tun, der in den 1460er-Jahren die „Augsburger Chronik" verfasste? Man kannte sich wohl: Immerhin war Johannes Zink, ein Nachfahre des Chronisten, ab 1501 Faktor der Fugger in Rom. In der Handschrift Burkhard Zinks findet sich der kurze Hinweis: „Item in der Gestain da han ich gepat, es leit ain Markt dorbei, haist zu dem Hoff [...]."

Und sollten innerhalb der fuggerischen Familie Fälle von Rheumatismus aufgetreten sein, so kannte man gewiss ein Werk von Hans Folz, mit dem Titel: „Dises puchlein saget uns von allen paden [Bädern] die vō natur heisz sein", gedruckt im Jahr 1480 zu Nürnberg. Gleich der erste Vers stellt eine Verbindung zwischen dem Gold und dem Thermalwasser her: „Ein Bad in der

Eine Darstellung aus Hans Folz' „Dises puchlein saget uns von allen paden die vō natur heisz sein", eine erstmals 1480 in Nürnberg gedruckte Schrift (Farbversion aus Sebastian Münsters „Cosmographia" von 1550) zeigt ein Gemeinschaftsbad der gehobenen Gesellschaft zur Zeit Jakob Fuggers. Die Trennung von Männern und Frauen erfolgte in Gastein erst um 1622. Es sind nur wenige Badende dargestellt: „Solitärbäder" – für vier Personen oder weniger – waren in Gastein jedoch vor dem 17. Jahrhundert nicht üblich.

Eine von Gräfin Maria Josepha von Portia und von Reichsgraf Angelus Antonius von Leoni gestiftete Schützenscheibe zeigt eine für das 18. Jahrhundert typische Badeszene. Man badete nicht mehr wie früher nackt, sondern trug eine züchtige Bekleidung. Gräfin Portia war übrigens die Mätresse des bayerischen Kurfürsten Karl Albrecht (der spätere Kaiser Karl VII.). Der Kurfürst schenkte ihr 1713 ein Münchner Palais, das Paul Fugger gehört hatte. Heute heißt der barocke Stadtpalast „Palais Fugger-Portia". Links: Der Nürnberger Meistersinger Hans Sachs (hier sein Denkmal, das auf dem Hans-Sachs-Platz in Nürnberg steht) verfasste den Gedichtband, den ein Gasteiner Badewirt dem hiesigen Goldgewerken Christoff Weitmoser widmete.

Gastein versteht, von einem bewährten Golderz geht." Folz war seines Zeichens geschworener Meister der Wundarzneikunst und ein Vorgänger von Hans Sachs als Meistersinger. Den Letzteren verband auf etwas verschlungenen Pfaden ebenfalls eine „Brücke" mit Gastein und den Fuggern: Georg Willer aus der Familie des größten Gasteiner Badewirts („Balneators") mit seiner Taverne am Mittereck, heute „Hotel Straubinger" im Zentrum von Bad Gastein, war der Verleger der Nürnberger Ausgabe von Hans Sachs' Gedichten.

Willer stand gleichzeitig in Verbindung mit einem Salzburger Faktor der Fugger und widmete in späteren Jahren den ersten Band der Hans Sachs'schen Gedichte dem Gasteiner Großgewerken Christoff Weitmoser. Zu seiner Zeit – also nach dem Ende des Engagements der Fugger in Gastein und Rauris – war Weitmoser der größte Goldproduzent im deutschsprachigen Raum.

Das 1568 erschienene „Ständebuch" des 1591 in Nürnberg gestorbenen Jost Amman beschreibt den Beruf des Bergknappen mit dem folgenden Vers des Nürnberger Schuhmachers und Spruchdichters Hans Sachs: „Ich treib alles Ertz Knappenwerck | Im Thal vnd auff Sanct Annen Berg | Mit den Steigern | Knappen vnd Bubn In Stollen | Schacht vnd den Ertzgrubn | Wir graben | zimmern | böltzn vnd bauwn | Mit eynfahren | brechen vnd hauwn | Wird ich fündig vnd Silber bring | So ist der Bergherr guter ding." Links: Freigold in Quarz: Um das Gold in reiner Form zu erhalten, musste man die Stücke der „Aufbereitung" unterziehen: Pochen – Mahlen – Waschen (oder Amalgamieren). Schmelzvorgänge wären möglich gewesen, wurden aber bei Freigold in Quarz wohl kaum jemals angewendet.

DER BEGINN DES GOLDBERGBAUS

im Revier von Gastein und Rauris liegt mit Sicherheit noch weiter zurück, doch im Jahr 1340 ist die Gewinnung von Edelmetallen zum ersten Mal auch urkundlich bezeugt. Die Abbauaktivitäten und der Hüttenbetrieb im Salzburger Land, die wohl schon damals mit reichen Gold- und Silberfunden verbunden waren, führten 1342 dazu, dass der Salzburger Erzbischof Heinrich von Pirnbrunn eine erste Bergordnung erließ. Der Abbau, so die schriftliche Überlieferung, erfolgte mit „[...] wolf und eisen, trag und kraczen". „wolf" und „eisen" wurden jeweils einem Meißel ähnliche Keile aus Eisen genannt, die „kracze" war eine Haue mit breiter Schneide und das Wort „trag" steht für jenen Korb, mit dem das im Berg gewonnene Erz mühselig transportiert werden musste. Die mittelalterlichen Verhüttungsmethoden von Gastein und Rauris beschreibt die dritte „Pro Iuribus-Ordnung" von 1369 mit den Worten „[...] welcherlay gold von der perchwerch chumpt mitsampt dem silber das davon chomen mag und sol guetes geplikchtes silber sein". Neben diesem mit Treibprozessen erzeugten „Blicksilber" erwähnen verschiedene Urkunden aus dieser Epoche auch „Chwekgold" – Gold also, das durch das seit der Antike angewandte Amalgamierverfahren mit Quecksilber gewonnen wurde.

GOLD UND SILBER

lockte nicht nur die Fugger nach Gastein und Rauris. Schon um 1375 sind Gewerken aus Reichenstein, Amberg und sogar Ungarn überliefert. Die Höchstproduktion im Goldbergbau im Abbaugebiet von Gastein und Rauris wurde aber erst 1557 erreicht: Die hier gewonnenen 830 Kilogramm Gold (bei 2,7 Tonnen Silber) erreichte kein zweites Revier im Heiligen Römischen Reich deutscher Nation.

Das Engagement der Firma begann Ende der 1480er-Jahre

DIE ANFÄNGE DER AUGSBURGER FUGGER IM GASTEINER BERGBAU

Das Silber aus dem Bergbau im Salzburger Land vertrieben die Fugger insbesondere über Venedig – hier auf einer Karte der erstmals 1544 gedruckten „Cosmographia" Sebastian Münsters. Teilhaber der Fugger und selbstständiger Gewerke im Bergbau in Gastein war Fürstbischof Melchior von Meckau. Er legte bei den Fuggern hohe Summen an.

Als sich die Blicke der Augsburger Fugger auf das Bergbaugebiet von Gastein und Rauris richteten, waren für sie zweifellos gleich zwei Aspekte von besonderem Interesse: Zum einen brauchten sie hier, anders als in Tirol, keine alteingesessene Konkurrenz zu fürchten, die ihnen wirtschaftlich hätte Paroli bieten können. Zum anderen lockte die Möglichkeit des freien Verkaufs von gewonnenem Edelmetall, da von der Landesherrschaft – dem Salzburger Erzbischof – (zunächst) keine Münzstätte betrieben wurde und auch noch niemand im Namen des Erzbischofs ein förmliches Ankaufsmonopol innehatte, sodass eine ortsansässige Handelsgesellschaft ein faktisches Ankaufsmonopol für Gold und Silber anstreben konnte. Anzusetzen waren solche Bestrebungen in einer frühen Verlaufsphase bei der Edelmetallerzeugung, am besten gleich nach der Urproduktion des edelmetallhaltigen Erzes durch die kleinen heimischen „Gewerken". Diese Bezeichnung für Bergbauunternehmer entstand um das Jahr 1250 und stammt aus dem Mittelhochdeutschen. „Gwerchi" nannte man diejenigen, die „werken", also auf eigenes Gewinn-Verlust-Risiko arbeiteten.

Konsequenterweise betreiben die Fugger den Einstieg in ihr montanistisches Engagement in Gastein über den Aufbereitungs- und Verhüttungssektor: Sie kauften das Erz und wandelten es gewissermaßen an Ort und Stelle zu fertigem Edelmetall um, zu Gold und Silber. Vom Letzteren wurde im Normalfall etwa das Drei- bis Vierfache der Goldausbeute erzielt. Da das Wertverhältnis von Gold zu Silber aber ungefähr bei eins zu elf lag, war das weit begehrtere Hauptprodukt natürlich immer das Gold – zumal dieses etwa in Tirol so gut wie überhaupt nicht vorkam.

Der konkrete Beginn der montanistischen Tätigkeit der Fugger muss in den späteren 80er-Jahren des 15. Jahrhunderts gelegen haben. Jedenfalls zeigen die mit dem Jahr 1489 einsetzenden schriftlichen Überlieferungen bereits einen florierenden Betrieb. Die Fugger scheinen diesen Schritt zeitgleich mit drei anderen Kapitalinvestoren getan zu haben: mit den Tiroler Gewerken Berthold und Lienhart Feierabend sowie mit Melchior von Meckau, dem Fürstbischof von Brixen. Mit den Feierabend verband sie beispielsweise der gemeinschaftliche Grunderwerb in Gaißbach

(das heutige Rauris), dem Hauptort des zu Gastein unmittelbar benachbarten Rauriser Tals. Die Fugger besaßen in Rauris den „dritten Teil des Bergwerks". Es lässt sich spekulieren, dass zumindest ein weiteres Drittel mit einem hohen Grad an Wahrscheinlichkeit in den Händen der Feierabend lag. Wahrscheinlich reichten die Gastein-Rauriser Beziehungen der involvierten Montanunternehmer auf frühere Tiroler Kontakte zurück. Immerhin waren die Feierabend in Primör im Trentin ansässig und lieferten Blei, das im Nordtiroler Bergwerksort Schwaz zum Erschmelzen des Silbers äußerst dringend benötigt wurde. Der Name Feierabend erscheint im Unterinntal erstmals 1416.

Die Brüder Melchior von Meckaus, des Fürstbischofs von Brixen – Balthasar und Helfried

Über Kolm-Saigurn, dem südlichen Ende des Rauriser Tals, lagen seitlich unter der Spitze des Sonnblicks Erzabbaustollen bis auf einer Höhe von knapp 3000 Metern.

von Meckau – betätigten sich früh im sächsischen Bergbau. Melchior von Meckau selbst sammelte montanistische Erfahrungen in dem von Brixen nicht allzu weit entfernten S-charl, damals ein wichtiger Bergbauort im schweizerischen Graubünden. Auf ihn geht ein Bestand Brixener Bergwerksakten zurück, der die Jahre von 1490 bis 1506 umfasst, wobei Meckaus persönliche unternehmerische Aktivitäten in Gastein spätestens 1497 begannen. Damals übernahm der Bischof in Gastein Anteile der aus Tirol stammenden Gewerken Hartmann

Vom Nassfeld aus sieht man den Radhausberg (rechts). An den dortigen, sehr reichen Gruben besaßen die Fugger bei einem einzigen Stollen Anteile. Ihre Erzgruben lagen vor allem unterhalb des Silberpfennig-Bergkamms (links im Hintergrund) an der Bauleiten (nach Süden hin orientiert) über dem Bockhartsee und auf der Erzwies (nördlich).

und trat dabei mit Nennung seines Namens in den Vordergrund. Dessen ungeachtet war von Meckau aber wohl schon seit 1489 (vielleicht sogar früher) in Gastein engagiert.

Die Auswertung des Brixener Aktenbestandes erhellt nicht nur die praktische bergmännische Tätigkeit Melchior von Meckaus in Gastein, sondern gleichzeitig jene der Fugger, deren Gasteiner Bergbauengagement bei etlichen Gruben mit dem Meckaus verflochten war. Was an Erkenntnissen über die praktische Bergmannsarbeit aus den Brixener Akten eindeutig nachweisbar ist, das gilt mutatis mutandis für die Fugger in gleicher Weise. Ganz allgemein gesehen sind diese Brixener Akten ein Glücksfall, da aus dieser frühen Zeit sonst nur sehr wenige Details zum Edelmetallbergbau in den Hohen Tauern erhalten sind.

Welche Bedeutung der Brixener Fürstbischof Melchior von Meckau später für die Bergbauaktivitäten und das Gesamtunternehmen der Fugger besitzen sollte, macht der Blick auf den 1494 von den Familien Fugger und Thurzo gegründeten „Ungarischen Handel" deutlich, der den Kupferbergbau in Oberungarn (heute: Slowakei) betrieb. In den sieben niederungarischen Bergstädten mit dem Hauptort Neusohl waren hohe Investitionen notwendig, für die das noch nicht überaus finanzkräftige Unternehmen Fremdkapital benötigte. Als die Gebrüder Fugger 1494 einen ersten Gesellschaftsvertrag abschlossen, betrug das Vermögen Ulrich Fuggers 21 666 Gulden, Georg Fuggers 17 177 Gulden und Jakob Fuggers 15 552 Gulden – also gerade mal 54 395 Gulden. Ab 1496 legte Melchior von Meckau still und heimlich Gelder bei den Fuggern an – seinerzeit 20 000 Gulden. Ende 1505 investierte der Fürstbischof bei der Gesellschaft von Ulrich, Georg und Jakob Fugger 108 931 Gulden. Im Januar 1506 folgten 19 000 Gulden, Ende 1507 weitere 25 000 Gulden. Das waren 152 931 Gulden. Zum Vergleich: Das eigene Handelsvermögen der Fugger lag im März 1510 erst bei insgesamt 198 915 Gulden.

Melchior von Meckau entstammte zwar einer sächsischen Familie und war auch Dompropst in Meißen. Doch der Bischof von Brixen lebte in Rom, wo er im März 1509 verstarb. Gerüchten zufolge habe man im Ärmel des Bischofs Schuldscheine der Fugger gefunden. Martin Luther, der zu dieser Zeit in Rom war, schrieb vom ungeheuren Reichtum des Verstorbenen. Meckaus Tod stürzte die Fuggerfirma in ganz beträchtliche Verlegenheit, weil Papst Julius II. die sofortige Auszahlung des Erbes hätte verlangen können. Dies hätte der Fuggerfirma

einen gefährlichen Liquiditätsengpass beschert. Zudem reklamierten auch das Bistum Brixen und die Familie von Meckau Erbansprüche.

Kaiser Maximilian I. verbot den Fuggern jedoch, das Erbe Meckaus auszuzahlen. Es folgte ein undurchsichtiges Verrechnen diverser Ansprüche und Forderungen, bei dem der Habsburger am Ende wohl ebenso profitierte wie Herzog Georg von Sachsen, wohingegen die Familie von Meckau leer ausging. Der Papst und das Bistum Brixen wurden mit weit geringeren als den zunächst verlangten Beträgen befriedigt. Dass die Fugger einen kostbaren Diamanten weit unter Wert an den Papst verkauften, förderte das Ende des Nachlassstreits.

Eine Obertage-Bergwerkskarte von 1782 zeigt die Gruben zwischen Bockharttal und Silberpfennig-Gipfelkamm: Die Mundlöcher etlicher Stollen sind gut zu erkennen. Die höchstgelegenen Gruben waren jeweils die ältesten. An etlichen dieser Stollen waren bereits die Fugger beteiligt, doch ist heute nicht mehr feststellbar, welche im Detail dies waren. Das Erzwieser Revier in einer Seehöhe von circa 2300 Metern ist nicht so steil wie das südlich anschließende der Bockharter Bauleiten. Diese liegt jenseits der ungefähr in Ost-West-Richtung verlaufenden Wasserscheide zwischen Erzwies und Bockhart. Das Original dieser Grubenkarte sieht man im „Gasteiner Museum".

DER EINSTIEG DER FUGGER in das

Montangeschäft erfolgte vermutlich – noch vor Gastein und Rauris – in Tirol. Doch als selbst im Bergbau tätige Gewerken und Grubenbesitzer traten die Fugger erstmalig im Salzburger Land auf. Im Zusammenhang mit ihren dortigen Unternehmungen waren die Fugger bald auch in den Bergbauorten Schladming und Rottenmann vertreten. Von diesen frühen Standorten aus erschloss sich die Fuggerfirma das Montangeschäft in Nordostkärnten. Im Lavanttal betrieb sie Bergbau bei Kliening und St. Leonhard: In den Jahren des „Klieninger Goldrausches" konnten die Fugger bis zum Jahr 1530 beinahe alle Gruben in ihren Besitz bringen. Weitere Bergwerke betrieben die Fugger in Theißenegg bei Wolfsberg in Kärnten sowie in Lienz und Matrei in Osttirol. Die Ausweitung des fuggerischen Bergbaus in Kärnten begann noch in den letzten drei Lebensjahren Jakob Fuggers „des Reichen".

Große Bedeutung für die fuggerischen Montanunternehmungen hatte das in Bleiberg bei Villach abgebaute Bleierz. Nahe Bleiberg war schon 1495 das Hüttenwerk in Fuggerau bei Arnoldstein und Gailitz eingerichtet worden. Wohl erst im Jahr 1665 schieden die Fugger als Gewerken im Bleiberger Bergbau aus. Damit endete wohl auch ihr Engagement in der Montanwirtschaft.

Vom Erz in den Bergstollen zu den Schmelzhütten im Tal

DER HARTE ARBEITSALLTAG DER GASTEINER BERGKNAPPEN

Der 2686 Meter hohe Kreuzkogel ist der höchste Punkt des Radhausbergmassivs. Beim Aufstieg stößt man noch heute am Ödenkar auf die Ruinen steinerner Bergknappenhäuser. Wie man sich das Aussehen eines Bergknappen vorzustellen hat, zeigt ein Denkmal in der Tiroler Bergbaustadt Schwaz.

In einer Epoche, in der das Sprengen mit Schwarzpulver noch keine Anwendung im alpinen Bergbau gefunden hatte (erste bergmännische Sprengversuche sind für 1628/29 in Rauris überliefert), war die Muskelarbeit mit „Schlägel und Eisen", also mit Hammer und Meißel, damals die einzige Möglichkeit des Erzabbaus beziehungsweise des Stollenvortriebs. Die altbekannte Methode der sogenannten „Brandarbeit" mit dem Setzen von Holzfeuern an der Stollenbrust zur Brüchigmachung des Gesteins fand in den Goldrevieren der Hohen Tauern nur selten Anwendung. Die Gründe lagen zum einen in der chemischen Beschaffenheit der Erze mit deren relativ hohen Anteilen von Schwefel und Arsen, zum anderen an den wegen des Betriebes der Schmelzhütten sich immer mehr ausdünnenden Baumbeständen. Zudem hätten sich die hohen Transportkosten für Stollenbrandholz auf die Bilanzen erheblich gewinnmindernd ausgewirkt. Große Mengen an Holz durch kleine Haflinger als alleinig eingesetzte Saumtiere die steilen Hänge bis in eine Höhe von 2000 Meter und mehr hochtragen zu lassen, war technisch und auch finanziell keine Kleinigkeit. Zum kostenintensiven Bergtransport von Brennholz für das Beheizen der steingemauerten Berghäuser gab es allerdings keine Alternative. Umso ausgeprägter war wohl aus wirtschaftlicher Sicht der Wunsch der Gewerken, die ohnedies problematische Holzbrandarbeit in den Stollen gänzlich zu unterlassen und damit erhebliche Transportkosten einzusparen.

Gewonnen wurde in der Form des Gangerzbaues entweder das mehr oder weniger reine Erz oder auch das sogenannte „Brucherz", das einen hohen Anteil von taubem Gestein enthielt und nur stellenweise mit etwas Erz durchzogen war. Es musste händisch „geschieden" – also getrennt und gesäubert – werden. Erst mit dem Aufkommen des mechanischen Pochens durch wassergetriebene Pochmaschinen, in Gastein etwa ab 1500, ließ sich auch aus den erzarmen Brucherzen wirtschaftlich guter Nutzen ziehen.

Am besten war es natürlich, in den Stollen reines Gold „aufzufahren". Man sprach dann von „Freigold", das meist in einer Quarzmatrix steckte. Der Ausdruck „Quarzadern" verleitet zu falschen Vorstellungen. Es verhielt sich keineswegs so, dass mehr oder weniger dicke „Adern" aus Quarz (und schon gar nicht aus Edelmetall) das Innere der Berge durchzogen, sondern es ging um riesengroße „stehende" Quarz- oder Erz-„Blätter", die in verschiedenen Zusammensetzungen die im Gestein vorhandenen Klüfte als sogenannte „Gänge" ausfüllten und das Gebirge oft kilometerweit durchzogen. Diese Gänge verliefen in Gastein von Nordnordost nach Südsüdwest und waren einen Meter dick. Stellenweise erreichten sie aber auch eine Dicke von mehreren Metern.

Die Höhe dieser kluftfüllenden „Blätter" konnte an die 1000 Meter und mehr betragen, doch ließ sich ihr Vorkommen nur an den höchsten Stellen der Gebirge erkennen, wo sie durch Jahrmillionen dauerndes Erosionsgeschehen allmählich zutage traten. Dementsprechend besagt eine wichtige Regel für den alpinen Bergbau, dass die ältesten Stollen (fast) immer am höchsten gelegen waren. Erst in der weiteren Entwicklung kam es dazu, dass

Eine Schmelzhütte des 16. Jahrhunderts: Diese einfache Form verkörpert gewissermaßen den Urtyp einer Schmelzhütte. Zur Zeit Jakob Fuggers „des Reichen" gab es bereits große Hütten, in deren Innerem mehrere Schmelzöfen in Betrieb standen. Der dargestellte frei stehende Ofen erhält Sauerstoff durch einen mit Muskelkraft auf und ab bewegten Blasebalg. Vor dem Ofen lässt ein Schmelzer die Schlacke in den Vorherd laufen.

Verfallener Eingang zu einem uralten Stollen: Zur Zeit Jakob Fuggers wurden die Stollen mit Schlägel und Meißel ausgeschlagen. Obwohl das Schwarzpulver bekannt war, wurde in den Stollen noch nicht damit gesprengt.

Stollen auch in den tieferen Horizonten geschlagen wurden, und zwar meistens immer wieder auf den gleichen „stehenden" Erzgang.

Im Inneren des Berges bewirkten Verbindungsschächte zwischen den einzelnen Horizonten eine gute Luftzufuhr und die Wasserabfuhr. Der unterste Stollen hieß immer „Erbstollen". Tiefe Schachtanlagen von Tage aus waren im alpinen Bereich nicht üblich. Sie kamen nur selten zur Anwendung.

War das Erz oder das zerkleinerte Erzgestein aus den Stollen an den Tag gebracht, erfolgte an Ort und Stelle in natura die anteilsmäßige Zuteilung der gewonnenen Mengen an die Stollenmitbesitzer. Höchstwahrscheinlich war es so, dass die Fugger bereits in dieser Phase das Erz der anderen Gewerken aufkauften, sei es Erz aus „ihren" Gruben von den Mitbesitzern dieser Gruben oder auch Erz aus fremden Gruben, an denen sie nicht beteiligt waren.

Als nächster Schritt stand der Taltransport des Erzes an. Wie aus den Abrechnungen Melchior von Meckaus bekannt ist, bediente man sich des Sackzugs: Man füllte das Erz in Säcke, die aus Schweinshaut und grobem Leinen gefertigt waren, und band daraufhin an die zwanzig und mehr Säcke wie die Perlen einer Kette zu einem „Zug" zusammen. Diesen transportierte dann der „Sackzieher", zumeist ein starker Bauernbursche, im Winter auf einer schneebedeckten „Bahn", die in gewisser Weise einer modernen Bobbahn glich, nach unten. Dies war im Hochgebirge – von einer Seehöhe von bis zu 3000 Metern bis in das Tal – eine sehr gefährliche Arbeit. Es gab öfter tödliche Unglücksfälle, vor allem dann, wenn die Erzsäcke in steilem Gelände ins Kollern gerieten und den Sackzieher erschlugen. Die

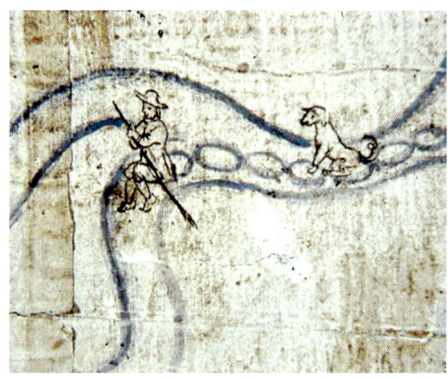

Darstellung des Sackzugs in einer bergmännischen Obertagekarte vom Radhausberg: Die Hunde trugen die leeren Säcke auf den Berg und saßen bei der „Talfahrt" tatsächlich auf den Säcken. Ein Mann konnte mit einem Zug zwischen 20 und 30 mit Erz gefüllte Säcke zu Tal befördern. Diese seit 1490 erstmals in Rauris nachweisbare Erfindung war ein Quantensprung in der Wirtschaftlichkeit der Taltransporte. Zuvor musste das Erz durch Haflingerpferde zu den Hütten ins Tal getragen werden.

Gefahr sowohl von Lawinen als auch von Eisschlägen war latent jederzeit vorhanden.

Im Tal wurde das Erz, meist Arsenopyrit, zum überwiegenden Anteil den Schmelzhütten zugeführt. Freigold im Quarz erhielt eine andere Behandlung: Die goldhältigen Stücke wurden händisch oder maschinell klein gepocht und die so entstandenen, nun sehr kleinen Teilstücke mit einer wasserbetriebenen Erzmühle fein gemahlen. Dadurch entstand der sogenannte „Schlich", eine Art goldhältiger Sand. Diesem führte man in Setztrögen Wasser zu, sodass sich am Ende das schwere Gold unter Ausnützung des Schwer- beziehungsweise nach einer alternativen Methode des Fliehkraftprinzips „auswaschen" ließ.

Darüber hinaus geben gewisse Hinweise zur Vermutung Anlass, dass Goldgewinnung aus dem Schlich mittels Quecksilberamalgamation schon zu Zeiten der Fugger Anwendung fand, wenn wahrscheinlich auch in sehr untergeordnetem Umfang. Der früheste Hinweis auf dieses technische Verfahren in einer kleinindustriellen Betriebsform ist in Gastein schon für das 14. Jahrhundert belegt, scheint aber in der Zeit der großen Wirtschaftsdepression zu Beginn des 15. Jahrhunderts in Vergessenheit geraten zu sein.

War für das unbewehrte Auge kein reines Freigold zu erkennen, so handelte es sich um „vergesellschaftetes" Erz, meist um edelmetallhaltigen Arsenopyrit. In den Öfen schmolz man das Erz zunächst mit Kupfer zusammen, damit das Gold im Kupfer in Lösung gehen konnte. Der große und entscheidende nächste Schritt folgte mit dem Zusammenschmelzen des kupferhaltigen Schmelzzwischenprodukts mit Blei, wobei im entstehenden homogenen

Ein Erzmahlstein am Bockhart – auf 2200 Metern Seehöhe: Mit diesen Mühlen mit vertikaler Achse („Flodermühlen") wurde größtenteils freigoldhältiger Quarz auf Sandkorngröße verrieben.

Schmelzfluss das Blei alles Gold und Silber an sich zog.

Nach dem „Abstechen" und Ausrinnenlassen der flüssigen Schlacke blieb das mit Edelmetall stark angereicherte „Werkblei" übrig. Es wurde in einem weiteren Schmelzgang unter Einpressen von Luft erhitzt, wobei das Blei wegoxydierte und schließlich eine Gold-Silber-Legierung, der sogenannte „Silberblick", übrig blieb. Diese Legierung bestand üblicherweise aus einem Gewichtsteil Gold und drei bis vier Teilen Silber. In einem eigenen Gebäude, dem „Scheidgaden", wurden dann Gold und Silber auf chemischem Wege voneinander getrennt.

DER „GASTEINER HEILSTOLLEN"

nächst Böckstein, im südlichsten Teil des Gasteiner Tals, sollte ursprünglich einem ganz anderen Zwecke dienen und quasi als tiefster Erbstollen die in historischer Zeit rund 1000 Meter höher oben am Radhausberg abgebauten Erzmittel von unten her erschließen. Man traf aber die erhofften „Erzgang-Wurzeln" nicht an. Das in den Jahren des Zweiten Weltkriegs durch die Preußische-Bergwerks-AG geführte Unternehmen erwies sich in montanistischem Zusammenhang als totaler Fehlschlag. Man fand aber etwas, womit man nie gerechnet hatte – eine Zone heißen Gesteins mitten im Berg, die mit ihrem hohen Radongehalt heute als Therapiestation für Rheumakranke sinnvolle Nutzung findet.

GOLDHALTIGER ARSENOPYRIT war in Gastein „das" Erz schlechthin. Häufige Braunfärbung ergibt sich durch Oxydation an der freien Luft. Dieses Erz wurde zur Zeit Jakob Fuggers bereits tonnenweise gewonnen. Darin war, mikroskopisch klein, reines Gold „vergesellschaftet". Das Edelmetall konnte man nur durch das Drei-Phasen-Schmelzen gewinnen: Kupfersteinschmelzen, Bleischmelzen und oxydierendes „Abtreiben". Arsenopyrit wird zum Beispiel in Kärnten und in der Steiermark, Nord- und Osttirol, aber auch im Erzgebirge, Harz und Schwarzwald gefunden.

Pfennwerthandel, göldisches Silber und Blei aus Fuggerau

HANS MAIERHOFER – DER GASTEINER FUGGERFAKTOR

Mit der Versorgung der hart und unter extremen Bedingungen arbeitenden Bergleute, dem sogenannten „Pfennwerthandel", konnten die Gewerken über den Ertrag aus dem Bergbau hinaus nennenswerte Gewinne erzielen. Außer auf Nahrungsmittel waren Knappen auf den Unschlitt für ihre Grubenlampen angewiesen, die ihnen bei der Arbeit in den Stollen spärliches Licht spendeten.

Die Unternehmung unter der Überschrift „Gastein und Rauris" hatte für die Fugger nicht dieselbe Bedeutung wie zum Beispiel ihr montanistisches Großprojekt beim Goldbergbau im schlesischen Reichenstein. Was für Gastein und Rauris aber sehr wohl zutraf, war die Tatsache, dass man den gesamten Betrieb einem eigenen „Faktor" oder „Verweser", also einem Verwalter, übertrug. Das Kapital war damit von der unmittelbaren Produktion und von der Unternehmensführung getrennt.

Als ortsansässiger fuggerischer „Prokurist" (im weitesten Sinne des Wortes) agierte ab 1489 ein gewisser Hans Maierhofer, dem als Faktor weitreichende Vollmachten eingeräumt worden waren. Ihm oblag seitdem der gesamte Gold- und Silbereinkauf in Gastein und Rauris, in (Ober-)Vellach an der Südseite der Tauern sowie in Schladming und Rottenmann in der Steiermark. Das nun durch regulären Kauf in seine Hände gelangte Edelmetall konnte er, nach Entrichtung der Steuern in Form von

"Frone" und dem sogenannten "Wechsel", frei verkaufen.

Der bei Weitem größte Teil ging naturgemäß wohl an die fuggerische Faktorei in Venedig und unterlag der firmeninternen Verrechnung. Darüber hinaus musste Maierhofer in einer frühen Phase das Schmelzen für das erkaufte Erz und in der Folge den eigentlichen Bergbau organisieren und betreuen. Dazu kam die Abwicklung des gesamten Transportwesens, dann die Durchführung des Bleikaufs für die Schmelzprozesse und schließlich die Verwaltung etlicher Realbesitze seiner Herren.

Neben all diesen Obliegenheiten hatte er persönlich den Handel mit Nahrungsmitteln und Unschlitt (Rindstalg) in Händen. Dieser sogenannte "Pfennwerthandel", also der Handel mit Waren, die im Einzelfall lediglich im Wertbereich von Pfennigen lagen, war für Maierhofer in der Summe ein fettes Zubrot. Wahrscheinlich hatte er bereits vor Eintritt in die Dienste der Fugger den Pfennwerthandel in eigenem Namen betrieben.

Bergleute auf 2000 bis 3000 Meter Seehöhe konnten sich natürlich nicht so ohne Weiteres um die Beschaffung der benötigten Lebensmittel kümmern. Unter der Woche mussten sie sich in engen, primitiven Berghäusern zusammenzwängen, doch hatten sie durchwegs bei den Bauern im Tal für das Wochenende ein ständiges Unterkommen. Dort bekamen sie für ihre Arbeit oben am Berg Essbares für die folgende Woche. Das reichte aber nicht: Die Knappen waren also auf das angewiesen, was die Gewerken, zum Teil täglich, auf den Berg nachlieferten.

Die Kost war äußerst kalorienreich: Rindfleisch, Butterschmalz, Käse, Brot und Getreide für das obligate "Muas" (Mus). Hauptgetränke der Bergknappen waren Wasser oder Kräutertee, in vereinzelten Fällen gab es etwas Milch von den nahegelegenen Almen. Nur an den Wochenenden wurde in den Wirtshäusern des Tals Wein getrunken. Das "Freigeld", das die Knappen für ihre Arbeit bar auf die Hand bekamen, ermöglichte am Wochenende den Besuch eines der saunaähnlichen Bäder und einen sich daran anschließenden gemütlich-

Von der Arbeit auf mehr als 2000 Metern Höhe und dem Aufenthalt in engen Berghäusern (von denen Mauerreste erhalten sind) erholten sich die Knappen auch in einem der Gemeinschaftsbäder in Gastein. Zur Zeit Jakob Fuggers bestanden Bäder aus einem aus Holzbalken und Brettern gefertigten "Granter" mit ständig zufließendem und abfließendem heißen Wasser. Die Wasserfläche maß vier mal vier Meter. Männer und Frauen badeten gemeinsam.

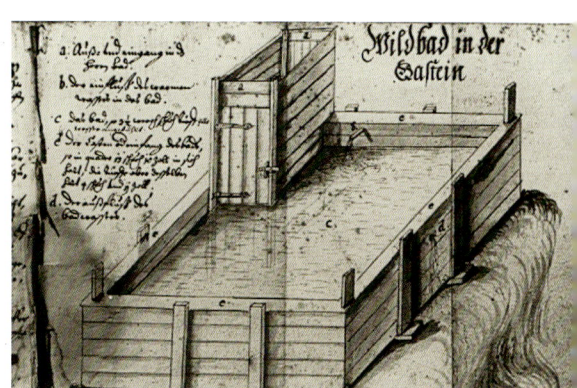

Darstellung von Bergarbeitern auf dem Epitaph des 1572 verstorbenen Gewerken Virgilius Krünner an der Pfarrkirche in Bad Hofgastein (oben). Bei der Versorgung der Bergknappen bot der Pfennwerthandel erhebliche Verdienstmöglichkeiten. Dieses Geschäft hatte sich Hans Maierhofer, seit 1489 Faktor der Fugger im Gasteiner Tal und Rauriser Tal, vorbehalten. Gegen ihn prozessierten die Fugger 1505 in Salzburg.

entspannten Ausklang mit reichlich Weingenuss. Bier spielte gegenüber dem Wein eine deutlich untergeordnete Rolle.

Mit der Versorgung der Bergleute ließ sich ordentlich Geld verdienen, sodass es von den Gewerken, und so auch von Maierhofer, nicht gerne gesehen war, wenn sich die Knappen allzu sehr mit Eigenem versorgten. Dem vorzubeugen hielten die Gewerken einen äußerst wirksamen Hebel in Händen: Nur wer ihnen Nahrungsmittel abnahm, bekam dann auch Unschlitt (Rindstalg). Einen Kauf allein nur von Unschlitt – das gab es nicht. Unschlitt, das man als Brennmittel in den einfachen Schalenlampen der Bergleute unbedingt benötigte, war bei den Bauern nicht zu bekommen, da sie dieses meistens sogar für ihre eigenen Beleuchtungszwecke zukaufen mussten. Dies hieß: Ohne Unschlitt kein Licht und ohne Licht keine Arbeit in den Stollen – und ohne Arbeit natürlich auch kein Geld. Alle Bergarbeiter mussten daher beides erwerben, Nahrung und Unschlitt, und sie mussten dafür in vielen Fällen überhöhte Preise zahlen. Vonseiten der Landesherrschaft, auch vom Salzburger Erzbischof, gab es immer wieder Überteuerungsverbote und um die Mitte des 16. Jahrhunderts sogar so etwas wie einen Preis- und Lohnstopp, der aber nicht lange hielt.

Als die Fugger gegen ihren Faktor Hans Maierhofer in Salzburg einen Prozess führten, über den später noch zu sprechen sein wird, stellte er die Abgabe von Nahrungsmitteln und in weiterem Sinne den Handel mit den oben erwähnten Pfennwerten als unabdingbare Notwendigkeit für den Arbeitsfortschritt dar, indem er protokollieren ließ: „[...] dass die Gewerken und Verweser den Arbeitern, Holzknechten, Köhlern, Schmelzern und anderen, mit Samspeis [Nahrungsmitteln] vorgeben [bevorschussen] müssen, wollen sie [denn], dass ihre Arbeit gefördert wird." Dass diese Sache für ihn eine gute Verdienstmöglichkeit war, ließ er natürlich unerwähnt.

Aus wirtschaftsgeschichtlicher und auch aus sozialgeschichtlicher Sicht ist die oben angeführte Bevorschussung von Interesse. Denn zur Zeit der Fugger funktionierte alles nach dem Prinzip des Leistungsakkords. Besonders im Holzwesen und bei der Herstellung von Holzkohle für die Schmelzhütten waren

Einzelabrechnungen mit den verschiedenen, zum Teil weit entfernten Arbeitsstätten organisatorisch nicht auf direktem Wege durchführbar. Es bedurfte also eines Mittelsmanns, eines sogenannten „Fügedingers", der als Empfänger des Leistungsgeldes die Akkordarbeit mit seinem Auftraggeber abrechnete, der aber gleichzeitig gegenüber seinen ausführenden Arbeitern als Austeiler des Detail-Leistungsgeldes fungierte.

Maierhofer musste nun als Auftraggeber zu Beginn einer Akkordarbeit im Normalfall etliche hundert Gulden vorstrecken, damit die Fürgedinger alle benötigten Waren, naturgemäß fast ausschließlich Nahrungsmittel, einkaufen konnten. Hier hatte Maierhofer tatsächlich ein gewisses Risiko in Kauf zu nehmen. Was war, wenn der Fürgedinger still und heimlich auf Nimmerwiedersehen in den Wäldern verschwand? Andererseits bleibt zu bedenken, dass ehrliche Fürgedinger, wenn sie es mit der ihnen anvertrauten Arbeit geschickt anstellten, einen Gewinn einfahren konnten. Ein sozialer Aufstieg heraus aus der Schicht der als „Unternehmer-Arbeiter" (K. H. Ludwig) überwiegend auch mit der Hand arbeitenden Fürgedinger war durchaus möglich. So ist es kein Zufall, wenn Fürgedinger und die ihnen im Prinzip gleichgestellten bergmännischen „Lehenschaftsführer" mit Bürgersfrauen einen Heiratskreis bildeten.

Nicht immer lief die Arbeit der Fürgedinger und der Lehenschafter ohne Probleme ab. Heikel war, und dies führt zurück zu Maierhofer, beispielsweise die Frage, wem gegenüber die Fürgedinger nun eigentlich zunächst eine Schuld aufgenommen hatten – dem Faktor Maierhofer gegenüber oder direkt den Fuggern gegenüber. Als im Salzburger Prozess eine diesbezüglich vorwurfsvolle Frage an seine Adresse gerichtet wurde, meinte Maierhofer: „Und ist wahr, dass mit genannten Hansen Kröndl, Lorenzen Zeiler und Paulsen Görtschacher die Schulden in der Fugger Händl [Handelsniederlassungen] getreulich und ungefährlich [ohne Hinterlist] gemacht und mir, noch meinen Erben nichts, sondern den Fuggern das zu Gewinn und Verlust gehandelt. Ich hab auch den Schuldbrief von den Schuldnern nicht selbst, sondern [von] Sebald Patron, der auch der Fugger Diener dazumal [vor 1489] gewesen, ausgezogen [übernommen, abgeschrieben] und machen lassen." Im konkreten Fall blieb die Frage ungeklärt im Raume stehen, wenn auch die Salzburger Anwälte dem Standpunkt Maierhofers zuzuneigen schienen und nicht dem des Vertreters der fuggerischen Rechtsinteressen.

Die oben zitierte Aussage enthält gleich zwei wichtige Hinweise. Zum einen den Namen eines anderen Faktors, nämlich Sebald Patron, der zu einem späteren Zeitpunkt die Fugger

In Gailitz erinnert bis heute ein Gedenkstein an das Hüttenwerk in Fuggerau, das zwischen dem Kloster Arnoldstein und Bleiberg bei Villach lag. Es wurde zeitweilig vom Fuggerfaktor Sebald Patron geleitet, dessen Name in den Akten des Salzburger Prozesses der Fugger gegen ihren Gasteiner Faktor Hans Maierhofer auftaucht.

in Villach und Fuggerau bei dem Kloster Arnoldstein und dem vier Kilometer entfernten Dorf Gailitz vertrat. Demnach muss man zumindest in Erwägung ziehen, dass die Fugger vielleicht schon zwei oder drei Jahre vor 1489 mit Sebald Patron als Faktor in das Gasteiner Engagement eingestiegen sein könnten.

Ein Säumerzug im Gebirge: Dieses Bild sieht man an der Fassade des „Andrelwirts" in Wörth nahe Rauris. Von dort nahmen täglich bis zu dreißig Saumzüge ihren Ausgang, und dies bis ins späte 19. Jahrhundert. Die zwei Tauernpässe am Südende des Gasteiner Tales (Korntauern und Mallnitzertauern) und das Rauriser „Hochtor" (heute Glocknerstraße) stellten zur Zeit Jakob Fuggers „des Reichen" wichtige Nord-Süd-Verbindungen dar.

Der zweite Hinweis betrifft „Schuldner" im Betriebsgefüge der Fugger, womit ein wichtiger Aspekt von deren Gasteiner Auftreten angeschnitten wird: Schon bald nach 1489 waren aufgrund ihrer Geschäftspraxis als Erzaufkäufer, die in Gastein über eine eigene Schmelzhütte verfügten, neue Abhängigkeiten entstanden. Das reiche Augsburger Handelshaus bevorschusste bereitwillig die kleinen heimischen Montanunternehmer, ohne primär das Ziel zu verfolgen, die an sie verpfändeten Grubenanteile später selbst zu übernehmen. So verzeichneten die Fugger beispielsweise Außenstände bei den heimischen Gewerken Erhart Viechter, Jacob Mürwald, Christan Zaun, den Herrn von Ramingstein und darüber hinaus noch bei etlichen anderen. Interessant ist der (Sonder-)Fall des Schuldners Jörg Wieland, eines aus Augsburg stammenden Montanunternehmers mit Firmensitz in Rauris, der sich zum bedeutenden wirtschaftlichen Aufsteiger entwickeln sollte. Die Wieland waren mit der Augsburger Familie Arzt verschwägert, aus der Sibylle, die Frau Jakob Fuggers „des Reichen", herstammte. Ulrich Arzt, der später im Salzburger Bauernkrieg die Truppen des Schwäbischen Bundes befehligen sollte, weilte im Jahr 1501 höchstpersönlich in Rauris und wohl auch in Bad Gastein, wo die Wieland nachweislich im Zentrum des Wildbades ein Haus ihr Eigen nannten. Heute befindet sich an dieser Stelle das „Kurhaus Mirabell".

Es gibt noch einen weiteren Anknüpfungspunkt zum zuvor wiedergegebenen Zitat: Die von Maierhofer erwähnten Namen Zeiler und Görtschacher waren im Gasteiner Bergbauwesen seit ältester Zeit verankert. Die beiden Genannten könnten, wie im bereits erwähnten Zusammenhang dargestellt, Fürgedinger gewesen sein. Sie könnten aber auch als kleine, eigenständige Gewerken ihr Glück im Bergbau versucht und von den Fuggern Geld vorgestreckt erhalten haben.

Wenn eine Rückzahlung in der vereinbarten Zeitspanne nicht erfolgte und auch für die nächste Zukunft nicht zu erwarten war, so stand es im Einklang mit den bereits damals vorhandenen Regelungen und Normen, dass die Fugger an Zahlungs statt auf den Besitz mancher Grubenanteile zugreifen konnten: So gelangten sie, mehr oder weniger ungeplant und manchmal wohl eher ungewollt, in den Besitz einzelner Grubenanteile. Derartige Vorgänge würden eine mögliche Erklärung dafür bieten, weshalb das Augsburger Handelshaus – zumindest bei etlichen der Gruben – nur relativ wenige Anteile besaß. Ihre Schuldner waren mehrheitlich eben nicht die großen Gewerken, die über „gute" Gruben mit reichlich Erzförderung verfügten, sondern es waren kleine Leute, die einfach ihr Glück versuchen wollten. Deren finanzielles Vermögen reichte weder für besonders „höffige" Gruben mit Erz in großer Menge und guter Qualität, noch für mehr als ein oder zwei Neuntelanteile, die meist wohl nur in „schlechten", da wenig höffigen Gruben günstig zu bekommen waren.

Während im Fall der Fugger die Quellenlage diesbezüglich wenig Konkretes aussagt, lassen sich exakt solche Vorgänge, im Detail an nicht weniger als 48 erhalten gebliebenen Schuldscheinen exemplifizierbar, im Gasteiner Bergbau des 14. Jahrhunderts nachweisen. Es war ein gewisser Konrad Decker, ein immens reicher Finanzier aus Judenburg in der Steiermark, der schon rund ein Jahrhundert vor den

Fuggern die landesherrlichen Bergbaurechte vom Salzburger Erzbischof Pilgrim II. von Puchheim pachtete und in der Folge den Gasteiner Bergbau total beherrschte. Decker agierte nicht nur als Montanunternehmer, sondern zugleich als Berg- und Landrichter sowie eine begrenzte Zeit auch als Betreiber einer kurzlebigen Münzstätte in Salzburg.

Konrad Deckers ganzes Gebaren lässt den Begriff eines „Talfürsten" vor das geistige Auge treten. Was ihn von den Unternehmungen der Fugger ganz wesentlich unterschied, war das von ihm mit größter Rücksichtslosigkeit praktizierte Ausnützen der alten Strukturen, die damals vom mittelalterlichen Feudalwesen her – zumindest partiell – noch vorhanden waren. Wie es der Zufall fügte, nahmen die Fugger im Fondaco dei Tedeschi in Venedig

Im Fondaco dei Tedeschi, dem Haus der deutschen Kaufleute in Venedig, übernahmen die Fugger 1484 eine „Kammer". Sie folgten damit einem Vorgänger bei der Finanzierung des Gasteiner Bergbaus, einem Kaufherrn aus Judenburg in der Steiermark.

eben jene „Kammer" (Räumlichkeiten) in Anspruch, die etliche Zeit vor ihnen der eben genannte Montanunternehmer Konrad Decker aus Judenburg innehatte.

Im Verhältnis zu seinen Herren, den Fuggern, ließ sich Hans Maierhofer auf manche Eigenmächtigkeiten und buchhalterische Ungereimtheiten ein. Dies blieb nicht verborgen: Das Augsburger Handelshaus kündigte ihm

Für Gastein wie für das Hüttenwerk der Fugger bei Schwaz (im Bild eines der zwei Fuggerhäuser in der Stadt im Unterinntal) war Blei ein unentbehrlicher Werkstoff. Die Fugger ließen Bleierz bei Bleiberg nahe Villach, bei Sterzing und Imst abbauen.

1498 und engagierte als neuen Faktor einen alteingesessenen Gasteiner, den Georg Fronstetter von Bad Hofgastein, der 1505 in dieser neuen Funktion gegen seinen Vorgänger eine Klage beim Salzburger Hofgericht einbringen musste. Was die „Genauigkeit" anbelangt, mit der Maierhofer seine Buchführung erledigte, genüge es, eine Gerichtsaussage aus seinem eigenen Mund anzuführen: „Nun habt Ihr und ich, möchte sagen: alle verständigen Menschen, Wissen, dass das der Kaufleut und Faktoren Gebrauch nit (!) ist, um einen jeden Posten von ihnen besonder [gesonderte] Quittung oder besiegelt Urkund zu nehmen, sondern dies ist der Fugger, noch ander trefflicher Kaufleut Faktoren nit möglich zu tuen. Denn sollt ich um ein jedes Stück Silber, das ich von der Fugger wegen kauft und gehandelt hab, ein sonder [gesonderte, eigene] Quittung von ihnen genommen haben, ich glaub, dass einer die in einem Monat nit gelesen und registrieren möchte [könnte]."

Immerhin konnte Maierhofer darauf verweisen, dass er alles in den „Raitbüchern" [Rechnungsbüchern, Buchhaltungsbüchern] niedergeschrieben, und dass Hans Kellner als Oberster Faktor der Fugger alles ohne Einwände in der Vergangenheit (einmal?) genehmigt hätte. Leider, so Maierhofer, hielt er es für unnötig, sich von den Raitbüchern eine Abschrift anzufertigen.

Die Notwendigkeit für die zuvor zitierte und ihrem Inhalt nach durchaus bemerkenswerte Aussage ergab sich, als ein Betrag von immerhin 600 Pfund Pfennig, heute kaufkraftmäßig in etwa so viel wie 120 000 bis 140 000 Euro, ungeklärt blieb. In diesem Prozess war Maierhofer unmittelbarer Kontrahent des fuggerischen Silberscheiders Konrad Eber in Salzburg, der nicht nur die Legierungen unter der damals allgemein üblichen Bezeichnung „göldische Silber" nach Gold und Silber trennte, sondern offenbar damit auch handelte. In der Stadt Salzburg waren die Fugger zu dieser Zeit durch Virgil Fröschlmoser vertreten, der aus einer reichen Stadtsalzburger Bürgerfamilie stammte. Auch Fröschlmoser musste in dem Prozess aussagen. Wo das Geld für dieses göldische Silber letztendlich verblieben war, konnte in dem Prozess nicht geklärt werden. Denn sowohl Maierhofer als auch Konrad Eber behaupteten, der jeweils andere hätte es verkauft.

Eine zweite gerichtsanhängige Streitfrage, die sich in Dupliken und Tripliken endlos hinzog, betraf das Blei, das man ja sowohl in der zweiten Schmelzphase (zum Erschmelzen des mit Edelmetall stark angereicherten „Werkbleies") als auch in der dritten Schmelzphase (zum Herstellen des göldischen Silbers) in großen Mengen benötigte – und dies nicht nur in Gastein, sondern übrigens ebenso in

Schwaz in Tirol. Erstaunlicherweise hatten die Fugger dem Maierhofer gestattet, die Bleiversorgung in Gastein auf eigenen Gewinn und Verlust zu betreiben. Maierhofer belieferte nämlich nicht nur die eigene fuggerische Schmelzhütte, sondern wahrscheinlich auch jene aller anderen Gewerken, mit Sicherheit jedoch die des Gasteiner Schmelzherrn Erhart Viechter. Es könnte sehr leicht sein, dass Maierhofer bereits vor seinem Eintritt in die Dienste der Fugger neben dem Pfennwerthandel auch den Bleihandel als selbstständiger Unternehmer betrieben hatte.

In Zusammenhang mit dem Bleihandel war gerichtlich zu evaluieren, ob Maierhofer die von der Fuggerfaktorei in Villach-Arnoldstein beziehungsweise von den mit den Fuggern in enger geschäftlicher Verbindung stehenden Feierabend in Primör erkauften Bleimengen den Fuggern in Gastein tatsächlich, wie von der Gegenseite behauptet, zu unverschämt überhöhten Preisen verkauft hatte. Dass der Transport mit Pferden über die Tauernpässe sehr gefährlich und die Gefahr als solche abzugelten sei, stellte Georg Fronstetter, der nun zuständige fuggerische Faktor in Gastein und Kenner der Situation, als von Maierhofer völlig überzogen hin. Das Risiko, dass Blei samt Tragpferd im hochalpinen Gelände durch ein Unglück verloren ging, wäre zwar grundsätzlich vorhanden, aber ihm, Fronstetter als alteingesessenem Gasteiner Einheimischen, sei kein einziger solcher Fall bekannt.

Hier ist im Zusammenhang mit der Bleieinfuhr ein kurzer Exkurs auf die Niederlassung der Fugger in Arnoldstein nächst Villach angebracht. Sie unterstand dem fuggerischen Faktor Sebald Patron, der das Blei von Bleiberg und das Galmei (Zinkerz) vom nahen Ort Raibl ebenso unter sich hatte wie die große Schmelzhütte in Fuggerau nächst Arnoldstein. Diese „Saigerhütte in Fuggerau" stand auf dem Grund des Bischofs von Bamberg, der in Kärnten reich begütert war. So kam in der Praxis Fuggerau aus habsburgisch-kärntnerischer Sicht in gewissem Sinne der Status der Exterritorialität zu. Woher aber der Name Fuggerau kommt, ist völlig unklar. Die Fugger „von der Lilie" waren jedenfalls nicht die Namensgeber.

Die Schmelzhütte stand nahe dem Ort Gailitz bei Arnoldstein und erzeugte neben Messing vor allem handelsübliches Blei aus den Bleierzen. Dass man hier, wie immer wieder behauptet wird, Kupfererze von Gastein und sogar vom fuggerischen „Ungarischen Handel" zu Kupfer als Handelsware verarbeitete, ist höchst unwahrscheinlich. In Gastein gab es nur ganz geringe Mengen an (schlechten) Kupfererzen (nördlich von Hofgastein), und aus den fuggerischen Kupfergruben in Neu-

Das in Gastein zum Erschmelzen von Gold und Silber benötigte Blei kaufte Fuggerfaktor Hans Maierhofer – außer in Primör – in Villach-Arnoldstein ein. In Arnoldstein erinnert eine Ruine an jenes Kloster, das 1570 die Schmelzhütte in Fuggerau und das von den Fuggern erbaute Schloss übernahm. Das Kloster ließ die Bauten abtragen.

sohl (heute Banská Bystrica, Slowakei) hätten sich die hohen Transportkosten niemals bezahlt gemacht.

Plausibel ist hingegen ein anderes Vorgehen der Fugger, nämlich die Einfuhr von hochgradig silberhaltigem Schwarzkupfer aus Neusohl. Dieses scheint sehr wohl durch die Schmelzhütte in der Arnoldstein-Gailitzer Fuggerau zugute gebracht worden zu sein. Das aus dem Schwarzkupfer herausgeschmolzene

Indirekt erinnert bis heute der Turm einer aufgelassenen Schrotfabrik in Arnoldstein an Fuggerau. Der zunächst 50 Meter hohe Turm entstand 1814 über Mauerresten des von den Fuggern 1495 erbauten Schlosses. Ende des 19. Jahrhunderts wurde der Turm um sechs Meter erhöht.

Silber wurde dann von Lastpferden zusammen mit den Edelmetalltransporten aus Gastein durchs enge Kanaltal (italienisch: Val Canale) zur Fuggerfaktorei nach Venedig getragen.

In einem kaiserlichen Befehl aus dem Jahr 1498 hieß es, die „Saigerhütte [Schmelzhütte mit Kupfer-Saigerung], so ihr mit unserer Erlaubnis in unserem Fürstentum Kärnten aufgericht und jetzo eine Zeit lang gebraucht habt, [ist] fürohin zu gebrauchen nit mehr zu gestatten". Dazu kam um 1500 das Ausfuhrverbot von Blei nach Italien und Ungarn, das vermutlich die Interessen der Fugger ebenfalls schädigte und der Intensität des Bleiberger Bleierzabbaus zumindest nicht förderlich war. Der dortige Bergbau hatte sich nach den einschränkenden Maßnahmen des Kaisers wieder erholen können, wenn auch erst etliche Zeit später – als die Fugger längst nicht mehr in Gastein engagiert waren.

Zurück zu Hans Maierhofer. Im Verlaufe seines Salzburger Prozesses gegen die Fugger stellte er eine Gegenklage auf, bei der er sich als ein Mann zu erkennen gab, den die Bescheidenheit offenbar nicht allzu sehr plagte. So forderte er von seinen früheren Herrn den stattlichen Betrag von 5000 Pfund Pfennig, nach heutigem Wert grob annähernd etwa eine Million Euro. Darauf hätte er deshalb vorrangig Anspruch, da der neue Faktor Georg Fronstetter allein schon mit der Vorladung vor das hohe Hofgericht in Salzburg seinem Ansehen und Namen einen argen Rufschaden zugefügt habe. Zudem seien ihm die Fugger noch 1600 Pfund Pfennig Lohn schuldig, denn er habe jährlich nur 200 Pfund Pfennig bekommen und seine Arbeit sei, so war er offenbar überzeugt, mindestens um die Hälfte mehr wert gewesen. Zum Vergleich: Hans Capeller, ein fuggerischer Faktor in der Stadt Salzburg, erhielt 1544 jährlich nur 32 Pfund Pfennig – derart wenig allerdings nur deshalb, weil die Geschäfte dort stark zurückgegangen waren.

Wie auch immer die Sache vor dem Salzburger Hofgericht im Detail entschieden wurde: Maierhofer durfte sich freuen, zumindest vom Hauptvorwurf global freigesprochen worden zu sein. Den Fuggern wäre eigentlich gar kein nennenswerter Schaden entstanden. Georg Fronstetter machte seiner Entrüstung Luft und bezichtigte wegen des Urteils die Salzburger Gerichtsherrn, und damit indirekt den Landesherrn Erzbischof Leonhard von Keutschach, der Parteilichkeit. Der Gerichtsspruch habe von den strittigen Fragen „[…] gar wenig für uns, sondern aufs Allerbeste für Maierhofer ausgestrichen [sei ausgelegt worden] und beschieht uns meines [Fronstetters] Gedünkens wissentlich in etlichen Stücken Unrecht […]".

Dass der Salzburger Erzbischof die Fugger nicht zu seinen persönlichen Freunden zählte, erweist ein Schreiben von 1504. Es ging dabei um Folgendes: Paul von Liechtenstein hatte beim Erzbischof Schulden in Höhe von 2000 Pfund Pfennig und bei den Gebrüdern Fugger einen ungefähr gleich hohen Außenstand. Also kam es zum Zedieren der offenen Summe zugunsten des Erzbischofs. Doch die Fugger ließen sich mit der Durchführung der Zahlung viel, auffällig viel Zeit. Schließlich schrieb der Salzburger Erzbischof an „Ulrichen, Jakoben und Georgen, Gebrüdern, die Fugger" einen Mahnbrief, in welchem er auf sämtliche sonst in solchen Briefen doch immer üblichen Höflichkeitsfloskeln verzichtete. Die Gebrüder mögen „[...] keinen längeren Verzug darinnen machen, und wellen wir uns der Billigkeit nach günstig zu Euch versehen und in Gnaden gegen Euch erkennen". „Der Billigkeit nach" – das war aus der untersten Schublade der Höflichkeitsformeln gegriffen. Es hätte lediglich einer geringfügig weitergehenden sprachlichen Respektlosigkeit bedurft, und ein Eklat wäre vorprogrammiert gewesen.

Maierhofer betätigte sich in den Folgejahren als unabhängiger privater Edelmetallgewerke in Rauris, wo er wegen Erfolglosigkeit 1509 Konkurs ansagte. Vom Erzbischof hatte er zuvor ein Darlehen von 1642 Gulden erhalten, das er in Teilbeträgen von seinem in Rauris künftig als „gewiss" zu erschmelzenden Gold und Silber zurückzahlen wollte. Da aber das Schmelzen völlig fehlschlug, griff der Landesherr auf Maierhofers Rauriser Realbesitz zu. Weil auch Interventionen beim Kaiser und beim Bayernherzog nicht halfen, verließ Hans Maierhofer „sein" Tal fluchtartig. Viele Jahre später tauchte er als „Pfalzgräflicher Bergpropst" im fernen thüringischen Steinheide auf und führte mit einem prunkvollen „Hofgewand" das aufwendige Leben eines ganz Großen. Maierhofer war zweifelsohne eine markante, „große" Persönlichkeit, der es an Kontakten in hohe und höchste Kreise nicht mangelte.

Maierhofer erzielte nach seiner erzwungenen Ablösung durch Fronstetter im Jahr 1498 in den letzten eineinhalb Jahren seiner Tätigkeit für die Fugger Einnahmen in Höhe von 19 512 Gulden, denen Ausgaben von 18 483 Gulden gegenüberstanden. Gemessen an den Zahlen der Buchführung lag der Jahresgewinn demnach knapp unter 1000 Gulden, denen heute ungefähr und grob annähernd 200 000 bis 250 000 Euro entsprechen würden, was nach fuggerischen Maßstäben als sehr bescheiden erscheinen muss.

Es bleibt allerdings zu bedenken, dass der eigentliche Gewinn sich nicht in Gastein zeigte, sondern erst in dem Augenblick, da das Edelmetallstück – Silber in Venedig, Gold wohl auch dort wie vor allem im römisch-deutschen Reich – aus dem Ring Fugger'scher Faktoren hinaus verkauft wurde, um am freien Markt einen wesentlich höheren Preis zu erzielen. Die Höhe der Differenz zwischen dem internen Verrechnungspreis und dem „Außenhandels-Verrechnungspreis" ist aus den Quellen nicht feststellbar, lag aber im Endeffekt sehr wahrscheinlich weit über den oben angenommenen 1000 Gulden, vielleicht beim Doppelten. Eines steht aber fest. Das Engagement der Fugger in Gastein und Rauris erreichte bei Weitem nicht die Dimensionen wie jenes im „Ungarischen Handel" und nie auch nur annähernd den Umfang des „Tiroler Handels".

DAS INTERESSE DER FUGGER an Gastein

und Rauris ließ in der Zeit nach 1500 nicht nur wegen des verlorenen Rechtsstreits mit ihrem früheren Faktor Hans Maierhofer und des mangelnden Wohlwollens des Landesherrn deutlich nach. Der sukzessive Rückzug der Augsburger Gesellschaft aus dem Salzburger Land lag vielleicht auch an der wachsenden Bedeutung von Hall respektive Schwaz sowie von Sterzing in Tirol.

Von 1488 bis 1522 kamen bis zu drei Viertel der Silber- und Kupfererzeugung in Schwaz als Pfand für Kredite an die Habsburger Landesherrn in die Hand der Fugger. Nach dem Konkurs des Großgewerken Martin Baumgartner aus Kufstein im Jahr 1522 übernahm Jakob Fugger bis 1524 dessen Bergwerksanteile und wurde somit erstmals selbst Gewerke in Tirol. Im Bergwerk am Falkenstein bei Schwaz, der „Mutter aller Bergwerke", bauten zeitweise bis zu 10 000 Bergarbeiter Silber- und Kupfererz ab. Um 1510 war Schwaz, wohin die Fugger 1539 ihre Faktorei von Hall verlegten, die zweitgrößte Stadt im heutigen Österreich. Hüttenwerke betrieben die Fugger im Inntal in Jenbach und Rattenberg. Als ergiebig erwiesen sich auch Bergwerke im Zillertal und im Karwendelgebirge. Ein weiteres Hüttenwerk bestand in Litzlfelden, wo – wie in Kitzbühel – auch Kupfer und Silber abgebaut wurden. In Sterzing brachten die Fugger ab 1524 den Großteil der Grubenanteile am Schneeberg in ihren Besitz: Eines der höchstgelegenen Bergwerke Europas garantierte reiche Vorkommen an Silber-, Blei- und Zinkerz. In Gossensaß stieg die Firma 1524, in Grasstein 1551 ein. Das dort von den Fuggern betriebene Hüttenwerk löste eine Hütte in Sterzing ab. Im Eisacktal besaßen die Fugger mehrere Bergwerke um Klausen, im Etschtal bei Terlan und Nals.

Warum das Tauerngold bei der Fuggerfirma seinen Glanz verlor

Der Rückzug der Fugger aus Gastein und Rauris

Der Tod Ulrich Fuggers im Jahr 1510 war möglicherweise einer der Gründe für den schrittweisen Rückzug der Fuggerfirma aus dem Goldbergbau in den Tauern. Seine letzte Ruhestätte fand Ulrich Fugger in der Fuggerkapelle in der Augsburger Kirche St. Anna. Die Grablege der Gebrüder Fugger wurde ab 1509 errichtet.

Für die Fugger muss um das Jahr 1501 eine merkliche Verschlechterung ihrer wirtschaftlichen Situation in Gastein und Rauris eingetreten sein. Zu dieser Zeit nahm in Salzburg die neu eingerichtete Münzstätte unter der Leitung des aus Augsburg stammenden Münzmeisters Johann Thenn ihren Betrieb auf. Damit war jegliche Ausfuhr von Edelmetall aus dem Salzburger Erzstift unterbunden. Die Fugger mussten nun – wie alle Schmelzherren in Gastein und Rauris – das von ihnen produzierte Gold und Silber zwangsweise an den Salzburger Erzbischof abliefern: Konkret ging alles Edelmetall zum „Scheidgaden" und zur neuen Münzstätte in der Stadt Salzburg. Als Gegenleistung erhielten die Fugger – wie alle anderen Gewerken – in Salzburg geprägte Münzen, deren Gesamtwert aber sehr weit unter jenem Betrag lag, den sie mit ihrem Gasteiner Gold am freien Markt beziehungsweise durch den Vertrieb ihres Silbers über ihre Faktorei in Venedig erwirtschaftet hätten.

Bereits vorher scheint an ihrer zunächst de facto bestehenden Monopolsituation „gesägt" worden zu sein, nachdem unter dem Namen „Gasteiner Handel" eine Edelmetallhandelsgesellschaft der Herren Fröschlmoser, Zott und Mändl als Konkurrenzunternehmen entstanden war. Auf die Jahre vor 1501 Bezug nehmend, vermerkt die Chronik der Münzmeisterfamilie Thenn: „[...] denn zur selben Zeit hat man zu Salzburg nicht gemünzt, sondern sein [sind] die göldigen Stiftsilber [Silber aus dem Salzburger Erzstift] a l l e durch Herrn Dr. Christoff Mändl, fürstlichen Salzburgischen Rat und Kanzler, Virgilien Fröschlmoser, Bürger daselbst, und Christoff Zott, Gewerken in der Rauris, welche drei miteinander eine Gesellschaft und von Ihrer fürstlich Gnaden den Gold- und Silberkauf gehabt haben, gen Venedig geschickt, verführt und verkauft worden."

Der Salzburger Erzbischof war sich offenbar der drohenden Gefahr bewusst, dass die Fuggerfirma wirtschaftlich eine übergroße Bedeutung gewinnen hätte können. Dem wollte er wahrscheinlich schon im (oder vor dem) Jahr 1500 entgegenwirken, indem er die drei ihm genehmen Männer walten ließ: Sie – und nicht die Augsburger Fugger – waren es nunmehr, die das Monopol zum Aufkauf des gesamten in Gastein und Rauris erzeugten Edelmetalls innehatten, und dies gewissermaßen mit „amtlichem" Anspruch, gegen den es kein Widerreden gab.

Die Fugger scheinen noch 1501, im Gründungsjahr der Salzburger Münze, versucht zu haben, die Situation dadurch zu retten, dass sie sich über ihren Salzburger Faktor Virgil Fröschlmoser an dieser Gesellschaft beteiligten. Allerdings ist die Quellenlage in dieser Hinsicht nicht völlig eindeutig. Der „Fuggerische Handel" bestand ja nach 1501 parallel zum neuen „Gasteiner Handel" – mit Virgil Fröschlmoser – weiter. Mit Blick auf die diesbezüglichen Intentionen des Erzbischofs erscheint es als wahrscheinlich, dass Faktor Fröschlmoser die Seiten wechselte. Er handelte ab nun erzbischöflich – und nicht mehr fuggerisch. Vorbei war es mit dem freien

Ein Teilstück des Originals des von Albrecht Dürer entworfenen Grabmals für Ulrich Fugger findet man heute in der kleinen Markuskirche der Augsburger Fuggerei.

Goldverkauf: Die Fugger mussten sich jetzt mit dem begnügen, was ihnen der Erzbischof für die von ihnen gewonnenen Edelmetalle zahlte – und das lag weit unter den üblichen Marktpreisen.

Den eigentlichen Anstoß für den Rückzug der Fugger aus Gastein und Rauris gab ein ganzes Bündel von Wirkfaktoren: Zweifellos an erster Stelle zu nennen ist der nach der Errichtung der Salzburger Münze zu gering gewordene Betriebs- und Gewinnumfang,

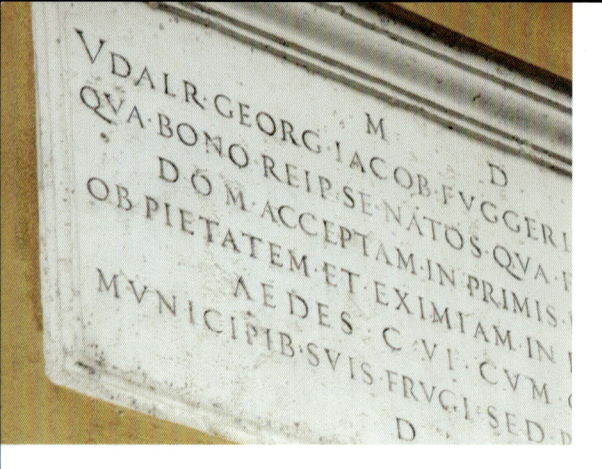

Die Augsburger Fuggerei, die heute älteste Sozialsiedlung der Welt, stiftete Jakob Fugger 1521 auch im Namen seiner schon verstorbenen Brüder Ulrich (VDALR) und Georg. Deshalb stehen auch ihre Namen auf den Stiftertafeln über drei Eingängen dieser Reihenhaussiedlung.

weiters wohl auch die Enttäuschung über die Machenschaften ihres Faktors Maierhofer und das offenbar fehlende Wohlwollen des geistlichen Salzburger Landesherrn – und wohl auch gewisse Feindseligkeiten vonseiten der einheimischen Konkurrenten allem Fremden gegenüber. Das kleine Wort „Gold", das die Fugger vielleicht anfangs bei ihren Geschäftsüberlegungen fasziniert hatte, muss wohl im Lauf der Jahre wegen der ausbleibenden ganz großen Erfolge viel von seinem Glanz verloren haben. Dazu kommt natürlich die Entlegenheit des letzten Endes – nach fuggerischen Maßstäben – nicht sonderlich brillierenden Wirtschaftszentrums Gastein.

Die Transportwege waren lang und schwierig, zumal das Gasteinertal damals von Norden her durch die enge Gasteiner Klamm (zu der heute parallel ein Bahn- und Straßentunnel verläuft) nur mit Saumtieren und nicht mit Wägen erreichbar war. Die benötigten Waren kamen aus unterschiedlichen Orten: Blei aus Kärnten und aus Primör im Trentin, der für die Weiterverarbeitung der Roh-Edelmetalle wichtige Salpeter aus Italien, des Weiteren Kupfer aus der heutigen Slowakei für das „Kupfersteinschmelzen" und teilweise auch für die Gold-Silber-Scheidung, dann noch Goldwaagen und andere Gerätschaften aus Augsburg. Rinderherden aus Ungarn und Getreideimporte aus Bayern sicherten die Versorgung der Bergarbeiter. Außerdem machte es das „amtliche" Punzieren der Edelmetallstücke und die darauf basierende Besteuerung ab 1501 erforderlich, alles Edelmetall zunächst in die Stadt Salzburg zu bringen, ehe es in Form geprägter Münzen über Arnoldstein in die fuggerische Faktorei nach Venedig transportiert werden konnte.

Fuggerische Realbesitze waren bereits um 1503 und 1509 an den einheimischen Gewerken Christoff Zott verkauft worden. Den vielleicht letzten Anlass für die Einstellung des Gasteiner Unternehmens könnte der Tod von Ulrich Fugger im Jahr 1510 gegeben haben. Mit an Sicherheit grenzender Wahrscheinlichkeit spielte aber das Ableben des Brixener Bischofs Melchior von Meckau im Jahr 1509 eine wichtige Rolle, nach dessen Tod die Firma angesichts der Erbschaftsansprüche von Papst und Bistum Brixen einen zwar kurzfristigen, jedoch massiven finanziellen Engpass zu überstehen hatte.

Im Zusammenhang mit dem Rückzug der Fugger wird in der älteren Literatur die Zerstörung einer vermeintlichen Fuggerstraße über den Korntauern – der östliche der zwei Gasteiner Übergänge vom bischöflichen Erzstift Salzburg in das habsburgische Kärnten – ins Spiel gebracht, so zuletzt von Freiherr von Pölnitz. Er führte als Ursache für die Unterbrechung dieser Straße ein Hochwasser an, das um 1508 das Land Salzburg bis an seine nördlichen Grenzen überschwemmte. Eine penible Überprüfung der von Pölnitz summarisch zu diesem Abschnitt gegebenen Quellenangaben brachte jedoch keinen tatsächlichen Bezug auf die Weganlage über den Korntauern.

Durch ein interdisziplinäres Forschungsprojekt ist heute eindeutig geklärt, dass es sich bei den erhalten gebliebenen Resten der Straße um eine Römerstraße handelt, die höchstwahrscheinlich militärischen Zwecken diente. Wozu hätten die Fugger eine teure Straße bis in eine Seehöhe von 2460 Meter bauen sollen? Sie brauchten keine: Der Edelmetallexport über Fuggerau bei Arnoldstein nach

Venedig darf in diesem Zusammenhang als in Bezug auf das Transportgewicht unerhebliche Größe von Vornherein außer Betracht bleiben. Beachtenswert ist nur das Blei: Die Importe des für das Gasteiner Edelmetallschmelzen benötigten Bleis aus Bleiberg in Kärnten, die zweifellos über beide Gasteiner Tauernpässe gingen, wurden mit drei bis vier Saumtierzügen pro Monat auf den bestehenden Saumwegen, in die naturgemäß einzelne erhaltene Teile der alten Römerstraße integriert waren, während der Sommermonate bequem erledigt. Es wäre eine unverzeihliche Fehlinvestition der Fugger gewesen, wenn sie für die letztendlich doch eher geringen Mengen an Importblei eine eigene Fahrstraße, noch dazu als redundante Parallelverbindung, gebaut hätten.

Im Übrigen sei erwähnt, dass eine konzentrierte Nachsuche im Fugger-Archiv nicht den geringsten konkreten Hinweis auf einen

Straßenanlage in hochalpinem Gelände auf dem Weg zum Korntauernpass: Die Relikte dieser bis zu sechs Meter breiten Fahrstraße wurden früher den Fuggern als Erbauer zugeschrieben. Heute ist jedoch geklärt, dass diese Straße von Römern gebaut wurde. Die Fugger benutzten wie alle anderen die allgemein üblichen Saumwege über die beiden Gasteiner Pässe. Am Korntauern verlief der Saumweg stellenweise auf der Trasse der Römerstraße.

Gasteiner Straßenbau erbrachte. Außerdem: Es gibt keinerlei Hinweise in Salzburger Archiven, dass der Landesherr, der bei grenzüberschreitenden Straßenbauten zu involvieren gewesen wäre, irgendeine Genehmigung gegeben oder gar einen Beitrag geleistet hätte. Das Resümee lautet also: Es gab nie eine eigene „Fuggerstraße" im Gebiet der Hohen Tauern.

BERGBAU DER FUGGER ist nicht nur in den Alpen, in den Karpaten und in Kastilien bekannt. Bergbauversuche der Fugger gab es auch in Italien und Schweden. Die Augsburger Firma war aber auch in Böhmen, Thüringen und Sachsen aktiv: Im Reichensteiner Gebirge und im Altvatergebirge bei Freiwaldau wurde nach Golderz gegraben. In Teschen betrieben die Fugger ein kleineres Hüttenwerk, der Zinnbergbau im böhmischen Schlaggenwald brachte reichen Gewinn. In Thüringen lockte die Fuggerfirma das Kupfer des Mansfelder Reviers, dort betrieben sie das Hüttenwerk in Hohenkirchen. Auch am Silberbergbau in Annaberg im sächsischen Erzgebirge waren die Fugger beteiligt.

Die Fugger organisierten zudem einen Ablass, der dem Bau der St.-Annen-Kirche und dem dortigen Bergaltar zugute kam. Vier Gemälde auf der Rückseite des 1521 geweihten, vom Augsburger Adolf Daucher geschaffenen Bergaltars zeigen Knappen bei ihrer Arbeit. Belegt sind außerdem Montangeschäfte der Fugger im Südschwarzwald, wo sie im Münstertal Silbererz abbauten.

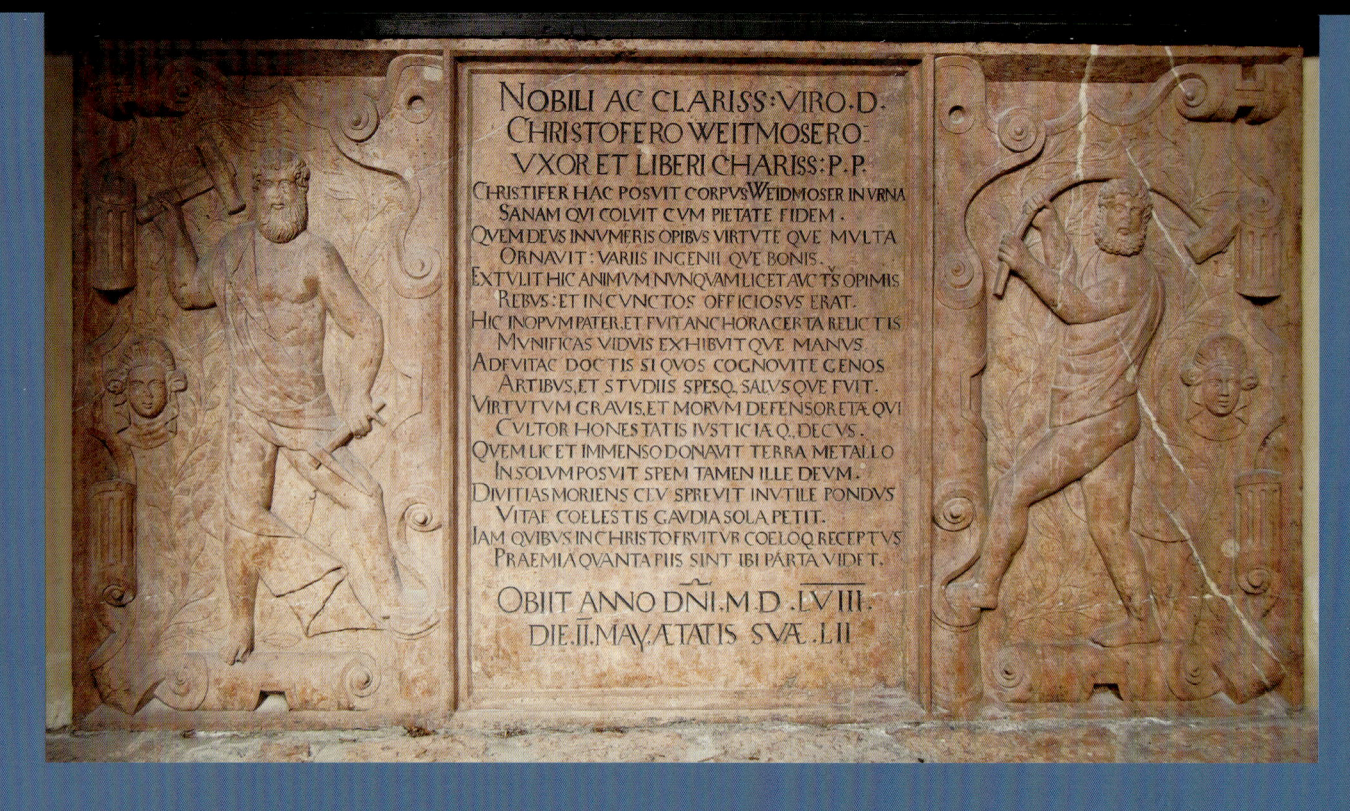

Spuren zwischen Fuggerhäusern und Weitmoserschlössl

GASTEINER GOLDGEWERKEN: DIE NACHFOLGER DER FUGGER

Einer der Nachfolger der Fugger in Gastein und Rauris war der bedeutende Goldgewerke Christoff I. Weitmoser (rechts). Ein Epitaph der Weitmoser in ihrer Grabnische an der Außenmauer der Kirche „Zu unserer Lieben Frau" in Bad Hofgastein (oben) zeigt je einen Knappen mit dem Schwinghammer (rechts) beziehungsweise mit gestieltem Hammer und Meißel.

Laut dem ab 1521 entstandenen Salzburger „Neu Walpuech" hatten die Fugger früher die folgenden Wälder in ihrem Besitz: den Kampwald mit dem Harbachwald (1521 als verhackt bezeichnet), den Raucheckwald (Nachbesitzer Zott), den Kötschauwald (verhackt), den Bocksteinwald im Kötschachtal (Nachbesitzer Zott) sowie den Anlauftalwald (verhackt). Es handelt sich in allen Fällen um große, bedeutende Wälder, die heute natürlich wieder mit vollem Baumbewuchs prangen und den Wanderer erfreuen. Im Rückblick bleibt als Tatsache beachtenswert, dass die Fugger den gesamten Wald im Kötschachtal und den gesamten Wald im Anlauftal südlich von Böckstein „herhackten" und das Holz nach der Verarbeitung zu Holzkohle für ihre Gasteiner Schmelzhütte aufbrauchten. Dies beweist doch den enormen Umfang ihres Schmelzbetriebes, in welchem um ein Vielfaches mehr an Erz zugute gebracht worden sein musste als das in den „eigenen" Gruben durch Naturalteilung der fuggerischen und meckauischen Neuntelanteile gewonnene Erz.

Die Fugger in Gastein nach dem denkwürdigen Jahr 1501 nur als Schmelzherren zu betrachten, wäre zu kurz gegriffen. Treffender müsste man charakterisieren: Bergbautreibende in eigenen hochalpinen Gruben, Schmelzer und Erzaufkäufer, Letzteres als Voraussetzung für einen wirklich umfangreichen und ertragreichen Schmelzbetrieb.

In Rauris besaßen die Fugger keine Wälder und daher auch keine (große) Schmelzhütte. Auf Rauris bezieht sich allerdings eine ganz konkrete Eintragung in ein erzbischöfliches Lehenbuch. Die grunderwerbstechnischen Vorgänge sind nicht alltäglich: Der fuggerische Faktor Hans Maierhofer kaufte am Pfinztag [Donnerstag] vor Martini 1497 einen Garten im heutigen Markt Rauris, den Erasmus Eisenstang als „Aufsitzer" (im weitesten Sinne: Pächter) in Händen hielt und der im Eigentum des Kleingewerken Georg Velserz stand. Lediglich sieben Tage später, nämlich am Freitag nach Martini, übergab Maierhofer an Georg Fronstetter – dem Nachfolger als Faktor der Fugger – den besagten Rauriser Garten. Als Begünstigte dieses Rechtsgeschäftes sind in das Salzburger Lehenbuch eingetragen: Ulrich Fugger von Augsburg und seine Mitbrüder (mitbesitzende Brüder) und zu gleichen Teilen auch Lienhart Feierabend, dieser gemeinsam mit seinen Miterben. Später zogen sich die Feierabend aus Rauris zurück: Ob die Fugger ihre Anteile übernahmen, ist ungeklärt.

Um 1510 ist als neuer Besitzer einmal mehr Christoff Zott eingetragen. Es stellt sich also die nach derzeitigem Forschungsstand noch unbeantwortbare, aber dessen ungeachtet berechtigte Frage, ob nicht dieser Christoff Zott überhaupt alle fuggerischen Besitze als Gesamtheit von den Fuggern übernommen haben könnte. Er muss eine bedeutende Größe im Wirtschaftsleben gewesen sein, denn seinen Ruhm und wohl auch seinen Reichtum verkündet noch heute eine Grabplatte in der Pfarrkirche des über die Tauernpässe erreichbaren Ortes Spittal an der Drau. Zwei seiner

Das Fuggerhaus in Hofgastein zeigt eine Sepiaskizze von Donath Schaffer (um 1834, Blickwinkel aus Nordost). Besitzer nach den Fuggern waren Christoff Zott und dann die Weitmoser. Nach dem Abbruch dieses Gebäudes entstand an der gleichen Stelle das ehemalige „Hotel Central". Aus diesem ging der heutige Gebäudekomplex des Hotels „Norica" hervor. Die Bauweise des Fuggerhauses erinnerte an die Tiroler Edelmannssitze des 16. Jahrhunderts. Das Dach über dem Erker fehlt auf der Skizze, es war ursprünglich aber wohl vorhanden.

Söhne brachten es in Innerösterreich aufeinanderfolgend zur ministerähnlichen Position eines „Obersten Bergmeisters".

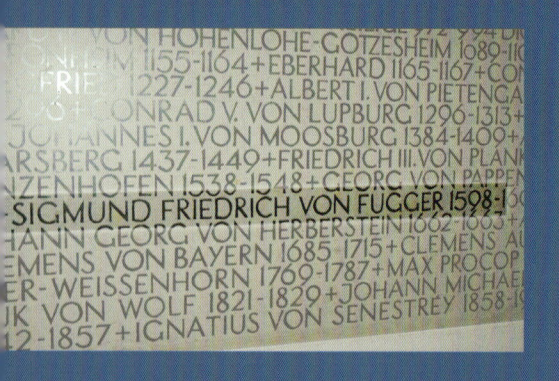

DAS KAPITEL SALZBURG und Fugger ist mit dem Rückzug der Firma vom Bergbau in Gastein und Rauris nicht abgeschlossen. So war Graf Sigmund Friedrich Fugger (1542 – 1600), der 1598 zum Bischof von Regensburg gewählt worden war, von 1580 bis 1589 Domherr und zeitweise Domdechant in Salzburg. An Sigmund Friedrich Fugger erinnert eine Inschriftentafel in der Unterkirche des Doms in Regensburg. Dieser Fugger hat sich trotz seiner Karriere als Kirchenmann intensiv mit Gold und damit verbundenen chemischen Prozessen beschäftigt: Ein Interesse, das vielleicht in seiner Salzburger Zeit entstand. Ebenfalls Salzburger Domherr beziehungsweise Domdechant war der 1587 geborene Carl Albrecht Fugger Freiherr von Kirchberg und Weißenhorn – und zwar von 1636 bis zu seinem Tod im Jahr 1642. Und noch ein dritter Fugger war Domherr zu Salzburg – der Jesuit Graf Johann Albrecht Fugger (1597 – 1667), Herr auf Adelshofen.

DIE EHE EINER WEITMOSER mit einem

Fugger taucht in diversen Quellen auf. Diese Geschichte basiert allerdings auf einem schlichten Übertragungsfehler: Eine der vier Töchter des Goldgewerken Christoff Weitmoser hatte nämlich einen Angehörigen der gleichfalls bedeutenden Schwazer Gewerkenfamilie Fueger (auch: Füger/Fieger) geehelicht.

Was das Gasteiner Tal anbelangt, so dürften die Fugger ziemlich viel Besitz als sogenanntes „freies Eigen" innegehabt haben. Über die rechtlich als freies Eigen abgesicherten Realitäten haben sich hier wie auch ganz allgemein kaum Aufzeichnungen erhalten. Wer freies Eigen besaß, zahlte keine Besitzsteuer, denn der hatte keinen steuereinziehenden „Dienstherrn" über sich, schon gar nicht den Landesherrn. Aus dieser Tatsache ergibt sich als Konsequenz, dass sich kaum schriftliche Aufzeichnungen in Archiven erhalten haben, da es für damalige „freie Eigentümer" auch nichts Diesbezügliches zu schreiben gab.

Wenigstens in einem Fall waren die Fugger nicht nur in Rauris, sondern auch in Gastein aber doch dienstpflichtig: Es gibt einen Hinweis im Hofurbar (Vorläufer des Grundbuchs) des Salzburger Erzbischofs, der besagt, dass die Fugger im Bad Hofgasteiner Ortsteil Lafen eine der größten Mühlen des Tales besaßen. Der Eintrag lautet: „Pro uno Molen auf der Laven ao 1506 de novo instituta servit denr. dl [dl steht für DL = 40 – der Schreiber nutzte das d als Abkürzung für decem = 10]." Diese Mühle wurde also erst 1506 errichtet. Für das Recht, sie zu betreiben, zahlte man jährlich 40 Pfennig an den Salzburger Landesherrn. Anscheinend wollten sich die Fugger damit nebenbei ein zweites wirtschaftliches Standbein schaffen, wie das ihr ehemaliger Faktor Hans Maierhofer bereits seit 1504 in Rauris praktiziert hatte. Mit dieser leistungsfähigen Mühle, über die als eine Art Leitbetrieb des Tals ein langer Streit aus der Mitte des 16. Jahrhunderts überliefert ist, ließen sich entsprechend große Mengen an Getreide aufmahlen, sodass ihre Bedeutung in einem aufstrebenden Bergwerksort, wie es das damalige Hofgastein war, nicht hoch genug eingeschätzt werden kann. Mehl und in der Folge Brot stellten Grundnahrungsmittel der Berg- und Schmelzwerksarbeiter dar, waren also für alle großen Montanunternehmer äußerst wichtig. Die Lafener Mühle hatte bezeichnenderweise einen mehrfach genannten Besitznachfolger: Um 1510 war es Christoff Zott.

An Realitätenbesitz direkt im Ortszentrum des heutigen Bad Hofgastein ist an erster Stelle das durch Jahrhunderte hindurch so bezeichnete „Fuggerhaus" zu nennen, dessen Situierung heute einem Teil des Gebäudekomplexes des Hotels „Norica" entspricht. Die Fugger fanden seinerzeit würdige Besitznachfolger: Fürsterzbischof Wolf Dietrich von Raitenau und zuvor Christoff Weitmoser, zu seiner Zeit der bedeutendste Goldproduzent im deutschsprachigen Raum. An ihn erinnert das „Weitmoserschlössl", heute ein Ausflugscafé und vor etlichen Jahren das Lieblingsziel von Altkanzler Helmut Kohl während seiner Kuraufenthalte in Bad Hofgastein.

In der zeitlichen Besitzlücke zwischen den abgetretenen Fuggern und dem Besitzantritt durch Christoff Weitmoser lässt sich Christoff Zott nachweisen. Um 1503 heißt es in einem Hofgasteiner Pfarrurbar: „Item Christoff Zott, dient von dem Keutzl-Haus, so er von den Fuggern hat 1 Gulden 2 [Rechen-]Schilling und 2 Pfennig." Die Keutzl, dann die Fugger und nach diesen Christoff Zott dürften das Gebäude noch als freies Eigen besessen haben, wenigstens für kurze Zeit.

Es gibt noch einen ähnlichen, zweiten Fall, für den leider konkrete Hinweise fehlen, doch erscheint es durchaus nicht unwahrscheinlich, dass auch der dem „Fuggerhaus" unmittelbar benachbarte „Zotthof" ursprünglich zum Besitzkomplex der Fugger gehörte. Vielleicht ist es ein wenig übertrieben zu behaupten, der Ortskern von Hofgastein gehörte den Fuggern. Eine solche Feststellung würde der Wahrheit aber zumindest sehr nahe kommen.

Das Weitmoserschlössl in Hundsdorf. An der Außenmauer der Pfarrkirche „Zu unserer Lieben Frau" in Bad Hofgastein findet man Epitaphe der Gewerken Virgilius Krünner (links) sowie Martin und Wolf Strasser.

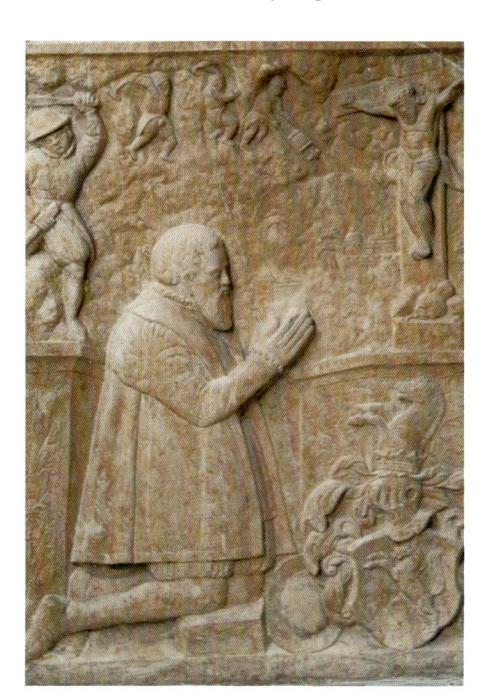

Häuser der Fugger in Gastein

1. Fuggerhaus
2. Nebengebäude des Fuggerhauses
3. Zotthof, ehemals wohl ebenfalls Fuggerbesitz

Aus Anlass einer fürchterlichen Überschwemmung, die im Jahr 1569 über Hofgastein hereinbrach und insgesamt 130 Todesopfer forderte, wurde zur besseren Veranschaulichung des Ereignisses diese Zeichnung angefertigt. Es ist ein einmaliger Glücksfall, dass sich dieser Augenscheinplan der sogenannten „Kirchbachkatastrophe" bis heute, und zwar im Archiv des „Salzburg Museums", erhalten hat. Eines der Gebäude im Ortszentrum ist das „Fuggerhaus", dessen Name bis in die Neuzeit erhalten blieb. Unmittelbarer Besitznachfolger nach den Fuggern war der Gewerke Christoff Zott. 1569 befand sich dieses markante Gebäude im Besitz des Goldgewerken Christoff Weitmoser. Unter dem Fuggerhaus ist ein dazugehöriges Nebengebäude dargestellt und noch weiter darunter (ganz rechts) der „Zotthof" mit dem auffälligen Erker, der sich im Stil der Tiroler Edelmannssitze als Türmchen übers Dach hinaus nach oben fortsetzt. Es darf als wahrscheinlich gelten, dass die Augsburger Fugger einst auch dieses Gebäude besaßen und der einheimische Goldgewerke Christoff Zott ein späterer Nachbesitzer war. Zott hatte keine Vorfahren in Gastein: Der reiche Zugezogene wollte sich gezielt in Hofgastein festsetzen und kaufte deshalb, was zu haben war.

Dem ehemaligen „Fuggerhaus" (heute „Hotel Norica") gegenüber steht das große „Hotel Moser", dessen Vorläuferbau zur Zeit der Fugger im Besitz des schon erwähnten fuggerischen Faktors Georg Fronstetter und seiner Familie war. Jedenfalls befand sich hier – nach dem Abtreten des Faktors Maierhofer – der neue Mittelpunkt der fuggerischen Interessen, mit einer umfassenden Betriebs- und Handelsverwaltung.

Hierher kehrte Georg Fronstetter zurück, wenn er in der Stadt Salzburg die für ihn nicht gerade erfreulich verlaufenden Gerichtstage im Prozess gegen Maierhofer überstanden hatte. Besitznachfolger waren die einzigen Adligen unter den heimischen Gewerken, nämlich die reiche Familie der Strasser von Neideck. Ein Kontakt zu den Fuggern könnte über die Familie Feierabend bestanden haben, die mit den Strassern ebenfalls in geschäftlicher Beziehung standen.

Das Innere dieses Hauses zeigt noch einige Elemente aus der Fuggerzeit. Ganz besonders beeindruckend ist das rundbogige Eingangsportal aus Serpentin, in welches gleich fünf verschiedene Steinmetzzeichen eingemeißelt sind. Es fällt nicht schwer – in dem kleinen vorgebauten Wintergarten am „Hotel Moser" sitzend – die Augen für einen kurzen Moment zu schließen und sich vorzustellen, wie auf dem vor einem sich erstreckenden ehemaligen Hauptplatz vor mehr als einem halben Jahrtausend geschäftiges Treiben herrschte, in das die Fugger als die ganz Großen im Geschäftsleben des Gasteiner Tales maßgebend verwoben waren.

„Eigentliche Abbildung und Prospect des weitberühmbt=auch haylsam=und warmen Gasteiner=Wild=Bads" – entstanden rund zweihundert Jahre nach dem Engagement der Fugger im Gasteiner Tal. Dieser Stich ist die älteste Darstellung von Bad Gastein. Es wird zu Zeiten der Fugger nicht wesentlich anders ausgesehen haben: Gastein war ein Dorf mit zwei Kirchen, drei Badewirten (sogenannte „Balneatores") und einem Armenbadspital. Die Badewirte betrieben ein Gasthaus, an dessen Vorderseite eine Badehütte angebaut war. Das Thermalwasser wurde in langen hölzernen Röhren und Rinnen zu den Badehütten geleitet.

Bergbaugeschichte in Museen und Kirchen im Gasteiner Tal und Rauriser Tal

Zu den Spuren des Goldbergbaus

Bad Gastein

Vom frühen Reichtum im Gasteiner Tal zeugt die 1389 erbaute Nikolauskirche (oben) am einstigen Nordende der Ansiedlung Wildbad Gastein. Der wohl älteste unveränderte Bau im Gasteiner Tal galt als Knappenkirche. Bei dieser Kirche findet man heute ein modernes Paracelsus-Denkmal. Die seit 1333 bezeugte Preimskirche musste wegen Erdrutschungen immer wieder, zuletzt bis 1876, neu errichtet werden. Erinnerungen an den Goldbergbau findet man in dem einst „Wolkenkratzerdorf" genannten Kurort um einen spektakulären Wasserfall (hierher kamen früher Prominente wie Kaiserin Elisabeth von Österreich oder Kaiser Wilhelm I.) im „Gasteiner Museum".

Bad Hofgastein

In den Zeiten des Goldbergbau-Engagements der Fugger war Hofgastein der Hauptort des Gasteiner Tals. Das bezeugt die prächtig ausgestattete Kirche „Zu unserer Lieben Frau", an deren Außenmauer man mehrere Grabnischen mit Epitaphen der reichen Goldbergbaugewerken Weitmoser, Strasser, Zott und Krünner findet. Im Ortsteil Hundsdorf steht das nach dem Gewerken Christoff Weitmoser benannte Weitmoserschlössl. Im angrenzenden Angertal zeigt die „Knappenwelt Angertal" ein für Mitteleuropa einzigartiges frühindustrielles Hüttenwerk mit Röstofen, Schmelzofen und Treibherd. Dort wurden in der Zeit zwischen 1490 und 1520 Gold- und Silbererze verhüttet.

Böckstein

Böckstein war vier Jahrhunderte lang ein Zentrum des Goldbergbaus im Gasteiner Tal, ehe man nach einer Lawinenkatastrophe im Jahr 1741 die sicher gelegene Montansiedlung baute. Die nach einem einheitlichen Plan errichtete Werksanlage in Altböckstein – zuerst in Holz, dann aus Stein gebaut – ist eine der ältesten erhaltenen Wohn- und Werkssiedlungen dieser Art in Mitteleuropa. Im restaurierten Ensemble zeigt das „Montanmuseum Altböckstein" neben Exponaten auch eine voll funktionstüchtige Golderzaufbereitungsanlage. Bis 1767 wurde nördlich der Werksanlagen die Knappenkirche „Maria zum guten Rat" erbaut.

Der Ort liegt am Fuß des Radhausbergmassivs, wo die Geschichte der Radhausberger Goldstollen (von rund 1900 Meter bis auf nahezu 2400 Meter Seehöhe) in zwei Museumsbauten und mit dem Modell des zuletzt betriebenen Hieronymus-Berghauses dokumentiert wird. Infos: www.montanmuseum-boeckstein.at

Informationen/Broschüren zum Gasteiner Tal:
Gasteinertal Tourismus GmbH
Telefon +43 (0)64 32/33 93-0
www.gastein.com

http://gastein-im-bild.info befasst sich mit der Historie des Gasteiner Tals und Spuren des Goldbergbaus. Sehr informativ in Sachen Gold ist die Website des Vereins „Via Aurea – Wege des Tauerngoldes": www.via-aurea.com

RAURIS

Den Ortskern des Marktes Rauris prägen bis heute etliche der im 16. Jahrhundert erbauten Gewerkenhäuser mit ihren wappenverzierten gotischen Portalen. Das markanteste ist das Voglmairhaus, heute Sitz des Gemeindeamts. Zu Fuggerzeiten entstand die 1497 geweihte Friedhofskapelle St. Michael. Dort sieht man Fresken aus der Zeit um 1530 sowie das Rotmarmorepitaph des Gewerken Sigmund Zott. An den Goldbergbau im Rauriser Tal erinnert das in einem früheren Gewerkenhaus untergebrachte „Rauriser Talmuseum": In der dortigen, sehr beeindruckenden Mineraliensammlung sieht man – unter anderem – echtes Gold.

KOLM-SAIGURN

Auf etwa 1600 Metern Höhe schließt Kolm-Saigurn das Rauriser Tal nach Süden hin ab. Der Ort gehörte zum Bergbaurevier Gastein-Rauris. Dort kann man im „Naturfreundehaus" und im „Ammererhof" übernachten. Neben einem Bergbaumuseum findet man die Talstation der Betriebs-Seilbahn zur Wetterbeobachtungsstation auf dem Hohen Sonnblick. In Kolm-Saigurn starten der Tauerngold-Erlebnisweg und der Tauerngold-Rundweg.

Informationen/Broschüren zum Rauriser Tal:
Tourismusverband Rauris
Telefon +43 (0)65 44/2 00 22
www.raurisertal.at

1 Sternrippengewölbe der Nikolauskirche in Bad Gastein 2 Bergwerkskarte im „Gasteiner Museum" 3 Turm der Liebfrauenkirche in Bad Hofgastein 4 Gewerkengrabsteine an der Liebfrauenkirche 5 Freigold in einer Quarzader auf dunklem Gneis („Montanmuseum Altböckstein") 6 Wetterfahne der Bergbausiedlung Altböckstein 7 Erzmahlsteine und Poch-Stein im „Montanmuseum Altböckstein" 8 Voglmairhaus in Rauris 9 Gold im Talmuseum Rauris 10 Hoher Sonnblick 11 Quarz-Gold-Nugget („Montanmuseum Altböckstein")

Literaturverzeichnis (Auszug)

Dopsch, Heinz: Stadt und Land Salzburg zur Zeit der Weitmoser. Zur Rolle der Montangewerken an der Wende zur Neuzeit, in: Mitteilungen der Gesellschaft für Salzburger Landeskunde, Salzburg 2009, S. 11 – 30 (auch als Tagungsband der Weitmoser-Tagung in Bad Hofgastein 2009)

Dopsch, Heinz und Spatzenegger, Hans (Hg.): Geschichte Salzburgs. Stadt und Land, 8 Bände, Salzburg 1981-1991, Standardwerk. Darin in Band II/4: Gruber, Fritz und Ludwig, Karl-Heinz: Der Metallbergbau, S. 2595 – 2631, Salzburg 1991

Ehrenberg, Richard: Das Zeitalter der Fugger. Die Geldmächte des 16. Jahrhunderts, Jena 1922

Geffcken, Peter: Meuting, in: Augsburger Stadtlexikon, Augsburg 1998, S. 653 f.

Geffcken, Peter: Jakob Fuggers frühe Jahre, in: Jakob Fugger 1459 – 1525. Sein Leben in Bildern, Augsburg 2009

Gruber, Fritz: Mosaiksteine zur Geschichte Gasteins und seiner Salzburger Umgebung. Bergbau – Badewesen – Bauwerke – Ortsnamen – Biografien – Chronologie, im Eigenverlag des Rotary-Clubs Bad Gastein 2012 (mit weiterführenden Literaturangaben)

Gruber, Fritz: Der Edelmetallbergbau in Salzburg und Oberkärnten bis zum Beginn des 19. Jahrhunderts, in: Paar, Werner; Günther, Wilhelm und Gruber, Fritz (Hg.), Das Buch vom Tauerngold, Salzburg 2006 (Standardwerk)

Gruber, Fritz: Das Rauriser Tal. Gold – Bergbaugeschichte, im Eigenverlag der Marktgemeinde Rauris 2004 (mit weiterführenden Literaturangaben)

Häberlein, Mark: Die Fugger. Geschichte einer Augsburger Familie (1367 – 1650), Stuttgart 2006

Häberlein, Mark: Wieland, in: Augsburger Stadtlexikon, Augsburg 1998, S. 931 f.

Hinterseer, Sebastian: Bad Hofgastein und die Geschichte Gasteins, 1977 (Hausgeschichten)

Jansen, Max: Die Anfänge der Fugger (bis 1494), Leipzig 1907

Jenks, Stuart: Von den archaischen Grundlagen bis zur Schwelle der Moderne (ca. 1000 – 1450), in: North, Michael (Hg.): Deutsche Wirtschaftsgeschichte. Ein Jahrtausend im Überblick, München 2005

Kalus, Peter: Die Fugger in der Slowakei, Augsburg 1999

Kellenbenz, Hermann: Die Fugger in Spanien und Portugal bis 1560, Band 1, München 1990

Kluger, Martin: Die Fugger in Augsburg. Kaufherrn, Montanunternehmer, Bankiers und Stifter, Augsburg 2013

Kluger, Martin: Die Bank der Fugger. Ein glanzvolles Kapitel europäischer Wirtschaftsgeschichte, herausgegeben von der Fürst Fugger Privatbank, Augsburg 2011 (mit weiterführenden Literaturangaben)

Lippert, Andreas: Die Altstraßen im Raum Badgastein-Mallnitz – ein interdisziplinäres Forschungsprojekt (Böcksteiner Montana 10), VWGÖ Wien 1993, darin Gruber, Fritz: Die hochalpinen Straßenreste aus mittelalterlicher und frühneuzeitlicher Sicht, S. 277 – 312, darin zum Beispiel „Das Ende der Fuggerstraßen-Theorie", S. 279 – 290

Ludwig, Karl-Heinz: Gold und Edelmetall in der europäischen Montangeschichte unter besonderer Berücksichtigung des Erzstiftes Salzburg, in: Tauerngold, Tagungsband, Rauris 2001, S. 89 – 113

Ludwig, Karl-Heinz und Gruber, Fritz: Gold- und Silberbergbau im Übergang vom Mittelalter zur Neuzeit. Das Salzburger Revier von Gastein und Rauris, Köln-Wien 1987, 400 Seiten, Standardwerk zur Bergbaugeschichte in den Hohen Tauern (mit weiterführenden Literaturangaben)

Pölnitz, Götz Freiherr von: Jacob Fugger, 2 Bände, Tübingen 1949 und 1951

Rupprich, Hans: Geschichte der deutschen Literatur (Band IV/1): Vom späten Mittelalter bis zum Barock. Erster Teil: Das ausgehende Mittelalter, Humanismus und Renaissance 1370 - 1520, 2. Aufl., neubearb. von Hedwig Heger, München 1994, S. 59

Soukop, Rudolf Werner: Chemie in Österreich. Bergbau, Alchemie und frühe Chemie, Wien, Köln, Weimar 2007

Speta, Franz: Johannes Hartlieb, ein berühmter bayrischer Arzt des 15. Jahrhunderts, in: Katalog Oberösterr. Landesmuseum 105; zugl. Linzer Biol. Beiträge 12/1 (1980), S. 263 - 268, abrufbar unter: http://www.landesmuseum.at/pdf_frei_remote/LBB_0012_1_0263-0268.pdf (Stand: 03.06.2014)

Spindler, Max: Handbuch der bayerischen Geschichte. Band III, 2. Teilband: Franken, Schwaben, Oberpfalz bis zum Ausgang des 18. Jahrhunderts, München 1971

Unger, Eike Eberhard: Die Fugger in Hall i. T., Tübingen 1967

Wießner, Hermann: Geschichte des Kärntner Bergbaues, 2. Teil: Geschichte des Kärntner Buntmetallbergbaues mit besonderer Berücksichtigung des Blei- und Zinkbergbaues, Archiv für vaterländische Geschichte und Topographie, Klagenfurt 1951

Zimburg, Heinrich von: Die Geschichte Gasteins und des Gasteiner Tales, Wien 1948

Archivalische Quellen:

Fugger-Archiv Dillingen a. d. Donau: Signatur 2.4.1: Schuldabrechnung mit Maierhofer und „Vermerckt die Klag...", Prozessakten

Hofarchiv Brixen: Signatur 12427, Raitungen Melchior von Meckaus, 1490 und folgende Jahre

Salzburger Landesarchiv: Hofrat-Katenichel aus verschiedenen Jahren, weiters Lehenbücher und Urbare aus verschiedenen Jahren

Salzburger Landesarchiv: Bestand Hofkammer – Bergwesen Rauris, Parteisachen 1635/1 (zur Bewerbung des Fuggerfaktors in Schwaz um eine Grube, 1642/43)

Pfarrarchiv von Bad Hofgastein, Urbare aus verschiedenen Jahren